食で読み解く
ヨーロッパ

―― 地理研究の現場から ――

加賀美雅弘 著

朝倉書店

はしがき

　東西冷戦真っただ中の1983年に当時の西ドイツに留学して以来，毎年のようにヨーロッパに出かけているうちに，冷戦が終わり，EUが拡大を続け，その様子は大きく変わってきた．この間，地理学の現地調査を続け，まさにヨーロッパへの旅は発見と感動の連続だった．ドイツから車で西へ向かい，波打つ丘の先に見えてきたパリの輝く光．東に向かい，森の先に突如現れた巨大なアウシュヴィッツの死の門など，忘れることのできないシーンがいくつも浮かんでくる．

　そもそも地理学の研究は現地での体験から始まる．山や谷などの地形，都市や農村の建物や畑の様子を観察し，そこに暮らす人々の話を聞くなどして，その土地の様子を描き出す作業が欠かせない．あちこち観察すれば，場所による違いに気づく．おのずと多様な世界が手に取るようにわかってくる．まさに地理学ならではの冥利といえる．ちなみに，日本地理学会の電子ジャーナル E-journal GEO の編集に携わった際，そうした地理学のおもしろさをアピールする場の必要を感じて，「地理紀行」というジャンルを立ち上げた．ここには世界各地を歩く地理学者たちの生き生きとした報告が並んでいる．ぜひご覧いただきたい．

　さて，ヨーロッパの調査では，食との出会いも楽しみの一つである．訪問した先で料理を口にしながら土地の人々と接していると，あたりの風景が違って見えてくる．そうした体験を重ねるうちに，食に着目したヨーロッパ理解の方法について考えるようになり，いくつかの講義で試行錯誤を繰り返した．授業はかなり脱線気味だったが，ヨーロッパの地理に関心を示す学生が増えるにつれて，食でヨーロッパが語れるのではないか，と確信するようになった．どの講義も午前中だったためか，お昼を前に学生からよく苦情が届いた．お気の毒しきりだが，料理を手がかりにしたヨーロッパ学習は一定のレベルに達したように思う．

　この本はこれら講義の内容をベースにしてまとめたものである．以前に朝倉世界地理講座『東ヨーロッパ・ロシア』でお世話になった編集の方に，ヨーロッパでの体験を思いつくままお話しする機会があり，それをきっかけにして本格的な構想づくりが始まった．さっそくヨーロッパ各地の資料を整理する作業に着手したが，足跡をふりかえる作業は思いのほか膨大であり，さまざまなトピックが頭をよぎり，食をめぐる話題の豊富さを実感した．それでも料理にまつわる思い出がよみがえってくるにつけ，東京での日常にありながらヨーロッパにいるような高揚感が次第にみなぎり，それが本の内容を膨らませていった．

何しろ食にまつわる体験を踏まえてまとめ上げたため，本書に登場する食にかなりの地域的な偏りがあることは否めない．しかし，ヨーロッパという地域の全体像はおおむねお伝えできたように思う．また，講義と同様，話が横道にそれ気味になったが，それだけヨーロッパの食を取り巻く話題は際限がない，ということでご容赦願いたい．このうえは，このバーチャルなヨーロッパめぐりを通してヨーロッパのファンがさらに増えてゆくことを心から願うばかりである．ひいては，読者の皆さんご自身でリアルな旅に出かけ，あるいは食を楽しみながらヨーロッパという地域について思いを巡らすきっかけになるようであれば，道案内役として望外の喜びである．

　ここで私事ながら，ドイツ・ハイデルベルク大学の地理学者ペーター・モイスブルガー Peter Meusburger教授について触れさせていただきたい．留学でお世話になって以来，訪問するたびに日本とヨーロッパの比較文化論をかわし，両者の違いを指摘し合いながら大いに盛り上がった．この本はそうした感動の積み重ねを背景にして生まれたといってよい．しかし，いずれ議論をまとめようと話し合っていた矢先，2017年12月に急逝の報が届き，もはやそうした機会をもつこともかなわなくなった．無念このうえないが，ここにこの小書をささげたい．

　執筆に際しては各方面の方々のお世話になった．なかでも貴重な情報や写真を提供してくださった小金井のフレンチレストラン「タブリエ」のシェフ矢野周二さん，六本木のドイツレストラン「ツム・アインホルン」のシェフ野田浩資さん，ドイツ・エアランゲン大学教員の山中信之さん，(株)帝国書院の板谷越光昭さん，在スロヴァキア日本大使館の増根正悟さん，(株)国際文献社の塩崎左加未さん，そして30年近く続けてきた野外見聞会の皆さんからは，いつも多くのインスピレーションを得る機会をいただいた．心からお礼を申し上げます．

　朝倉書店編集部の皆さんにも大変お世話になった．ヨーロッパについての別のテキストづくりと同時並行で作業を進めるという面倒をおかけしつつも，多くの励ましを頂戴した．タイトなスケジュールのなか，おいしい本づくりを目指して全精力を傾けてくださり，遅れがちながらも，語りを文字にする醍醐味を経験させていただいた．長らく頭のなかに留まっていたものを，こうして形あるものにすることができたのは息の合った編集者のおかげであり，あらためて厚く感謝申し上げます．

　2019年3月

加賀美雅弘

目　　次

プロローグ　1

第1章　ヨーロッパの地域性を食卓で読み解く ── 3
1.1　文化的な現象としての食　3
1.2　社会的な現象としての食　6
1.3　地域的に個性あるヨーロッパの食　8
1.4　ヨーロッパ特有の食の展開　11

第2章　自然と農業をムギと油脂で読み解く ── 17
2.1　ヨーロッパの自然・農業・食　17
2.2　地中海地方のムギと油脂　21
2.3　ヨーロッパ北半部のムギと油脂　25
2.4　北西ヨーロッパで人気を得たバター　31

第3章　農村の変化をジャガイモで読み解く ── 36
3.1　不均等な農村　36
3.2　ジャガイモで強くなったプロイセン　37
3.3　ジャガイモ飢饉が示す不平等　40
3.4　格差が進むヨーロッパの農村　45

第4章　都市の景観を砂糖で読み解く ── 50
4.1　美しいヨーロッパの大都市　50
4.2　富裕市民層がつくった市街地　53
4.3　ステータス感を満足させる砂糖　56
4.4　スイーツが醸し出す都市の風情　61

第5章　観光地の発展をミネラルウォーターで読み解く ── 65
5.1　保養地に起源をもつ観光地　65
5.2　豊かな暮らしのための飲料水　68
5.3　健康のための飲料水　72
5.4　ヘルスツーリズムと観光地　77

第6章　工業化をビールで読み解く ── 81
  6.1　工業化のなかの食品　81
  6.2　農産加工品としてのビール　82
  6.3　工業製品としてのビール　87
  6.4　世界に広まるビール製造　91

第7章　多文化社会をエスニック料理で読み解く ── 95
  7.1　急増する外国人　95
  7.2　多様なエスニック料理店　97
  7.3　ふくらむエスニックマーケット　102
  7.4　二極化が進むエスニック社会　107

第8章　地域の個性化をトウモロコシで読み解く ── 111
  8.1　地域の個性が目立つヨーロッパ　111
  8.2　トウモロコシとポレンタ　113
  8.3　人々に共有される料理　118
  8.4　維持・強調される地域性　122

第9章　グローバル化をコーヒーで読み解く ── 127
  9.1　生活文化の均一化が進むヨーロッパ　127
  9.2　コーヒー消費の普及とヨーロッパ社会　128
  9.3　カフェの発達と市民社会　134
  9.4　ファストフードに見るグローバル化　138

第10章　ヨーロッパを食で読み解く ── 142
  10.1　ヨーロッパ統合の背景　142
  10.2　ヨーロッパ共通の食のスタイル　144
  10.3　体験するヨーロッパの共通性　148
  10.4　ヨーロッパをとらえる　153

エピローグ　157
文　　献　158
索　　引　162

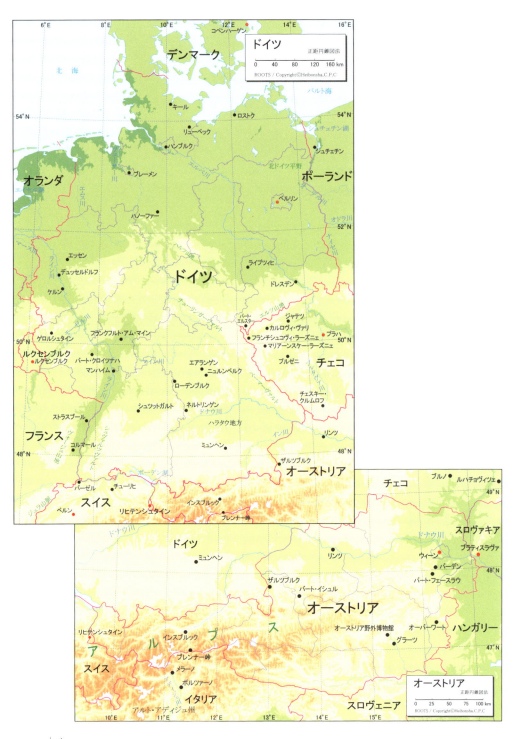

プロローグ

　ヨーロッパが世界において個性ある地域であることに異論はないだろう．ただ，それがどのような特徴をもった地域なのか，となると説明するのは意外にむずかしい．地理学は地域的な多様性に関心をもち，特定の地域の理解を目指す分野として発達してきた．そこで食が地域的に異なることに着目して，ヨーロッパの解説をやってみようというのが本書である．

　ところで，人やモノ，情報の移動がますます激しさを増すなか，食も世界各地に伝わり，今やどこでも同じものが食べられるようになっている．ファストフードのように世界共通で食べられているものもあり，もともと地域によって違っていた食は，次第に世界どこでも同じになりつつあるかに見える．こうした変化を食のグローバル化と呼ぶなら，それはもはや否定しがたい事実といえるだろう．しかし，はたして本当に地域固有の食が失われ，世界の食はいずれ同じものになってしまうのだろうか．

　食に着目してヨーロッパの地域理解を試みることにしたのは，これまで現地で観察してきた限り，ヨーロッパには依然として固有の食があり，歴然とした地域的多様性が確認できたからである．ところが，食を通してヨーロッパの地域的な個性を描き出した成果は意外に見当たらない．そこでヨーロッパ理解に向けて新しい視点を提示することは意義があるのではないか，と考えた．

　もちろん，食が地域的個性をもち続けているのはヨーロッパに限らない．食の地域性が決して損なわれていないことは世界各地で見られる．例をあげよう．

　筆者は毎年，ヨーロッパの食に関する講義で，受講学生全員に当日の朝食について尋ねている．結果を見ると，パンよりもコメを食べている学生がつねに上まわっている．食の洋風化が指摘されて久しいにもかかわらず，である．個人的には毎朝パンが当たり前と思ってきただけに，いつもこの結果には驚かされる．

　日本の食は，言うまでもなく世界の影響を受けてつねに変化してきた．特に戦後は学校給食にパンと牛乳が出されたこともあって，コメに代わる食としてパンは大いに普及した．また，これと並行して肉類の消費量も増加した．近年ではインスタント食品やファストフードの消費量も増えている．この点で，たしかに日本特有の食も大きく変容してきたといえる．ところが，多くの学生が朝食にコメを食べている．コメを食べる伝統は変わっていないのである．実際ほかにも，コンビニの棚には必ずおにぎりコーナーがあるし，外資系のバーガー店ではライス

バーガーが人気である．同じ授業で「ご馳走といえば何？」という質問もしているが，決まってトップを争うのが寿司とステーキである．魚介類と牛肉，そしてコメがご馳走を構成している．若い人の間でも，コメがおいしい食として継承されている．つまり，食には変わりゆくものと変わらないものがあることがわかる．

　もう一つ，かつてドイツに滞在した時の経験をお話ししよう．1980年代に当時の西ドイツで驚かされたのがコーラだった．学生食堂でコーラを飲みながら食事をする人の多いこと，町中でもコーラを手にする人の姿をよく見かけた．当時の日本ではまだこれほどコーラを目にすることがなく，ドイツといえばビールと期待していただけに，やや裏切られた気分になったことが思い出される．

　ドイツは日本と同様に敗戦後，アメリカ合衆国からの大量の商品の流入を経験した．コーラも広く流通し，消費を伸ばした．これに対して日本では，コーラはドイツほど浸透していないように見える．たとえば1957年に設立された現在の日本コカ・コーラ（株）はコカ・コーラの販売に力を入れてきたものの，1995年に製造を始めた茶が今では主力製品になっている．日本では茶は食事とともに飲み，食間でも随時飲む習慣が定着してきたので，茶を販売する戦略がとられたのだろう．茶に相当するソフトドリンクがなかったドイツとの違いがうかがえる．

　こうしてみると，食のグローバル化が進む一方で，長い歴史をたどり継承されていた食そのものには意外なほど変化が起こっていないことがわかる．多様な食への関心が食のグローバル化を促す一方で，われわれは慣れ親しんだ食材や味に強いこだわりをもち続けているというわけである．じつは食は保守的なものであり，それゆえに食の個性は維持されている．つまり，食は依然として地域的な個性をもち続けているし，今後もそうあり続けると考えられる．

　ひるがえってヨーロッパには多くのご馳走がある．世界のグルメが注目し，おいしい料理を求める人でにぎわうのがヨーロッパである．しかし，古くから今のような食があったわけではなかった．伝統を維持しながらも，食は時代とともに変化し発展してきたわけで，そこには世界と多彩なつながりを経てきたというヨーロッパ特有の背景がある．ヨーロッパの食は，連綿と紡がれてきた歴史と，各地で育まれてきた個性ある文化を見ずに語ることはできないのである．

　本書ではヨーロッパの食を時間の経過と地域ごとの多様性を踏まえながら，いくつかの食材と料理を選び出してヨーロッパの地域を解説してゆく．食からヨーロッパを読み解こうという企画．楽しんでいただければ幸いである．

　では，ヨーロッパを彩るさまざまな食を思い浮かべながら，それらの食からヨーロッパという地域を見てまわることにしよう．

第1章

ヨーロッパの地域性を食卓で読み解く

1.1 文化的な現象としての食

テレビをつけると必ず目にするのが食品のコマーシャルだ．カレーやみそ汁，カップラーメン，調味料，くだもの，菓子，酒類，ソフトドリンク…．和食もあれば，洋食や中華，さらにエスニック料理もある．とにかくいろいろな食品が登場する．その種類の多さたるや，世界でこれほど多彩な食品をテレビで流す国はほかにないのでは，と思われるほどである．

コマーシャルにはだいたい食べるシーンが出てくる．カップルだったり，家族同士や年配の女性だったり，場所も家庭や学校，職場，屋外とさまざまだ．しかし，いずれのコマーシャルにも共通していることがある．それは登場人物がみな笑顔なこと．誰もがうれしそうに食べている．

実際，食べることは心地よさとつながっている．おなか一杯になれば満足感が高まり，親しい人との食事は盛り上がる．あるいは，悲しい時でも何かを口にすれば気持ちがいくらか落ち着くし，苦しい思いをしていても気分が和らぐ．

北イタリアの町ボルツァーノの市場（2007年10月）
トマトやブドウ，かんきつ類が南国特有の彩りを競う．

もっとも，人はそもそも食べなければ生きていけないわけで，栄養を摂るために，われわれはコマーシャルに出てくるような食品を含めて，手に入るものを食べている．そこには日本固有の食品もあれば，外国由来のものもある．また，交通の発達によって食品の大量輸送が可能になり，多くの輸入食品も出まわっている．今や世界各地の食品が流通し，他の地域と共通する食べ物もかなり増えている．この点で食は着実にグローバル化をたどっているといえるだろう．

にもかかわらず，食は依然として地域によって異なり，世界各地で多様な料理が食べられているのも事実である．地域固有の宗教や価値観など，その理由はさまざまであるが，根本的な理由を突き詰めれば，地域ごとに自然環境に適した作物がつくられ，食料とされてきたからということに行き着く．人はつねに生きてゆくための食料を，住んでいる土地で調達してきた．つまり，自然環境が違えば手に入る食料は異なるから，おのずと食べるものも違ってくるわけである．

近郊でつくられた野菜が並ぶブダペストの市場
（2005年6月）
市場は地元の食料を売買するところから発達してきた．

もう少し説明を加えよう．食べ物は栄養を取るのに必要である．なかでもエネルギーを得るための炭水化物と脂肪，身体の肉や血をつくるためのタンパク質は欠かせない．そこでこれらの栄養素を得るための食料を選ぶことになるのだが，エネルギーを得るには植物を食べるのが一番である．植物は光合成によってエネルギーの源である太陽からの光エネルギーを化学エネルギーに変えてくれる．そこで植物を食べれば，人はエネルギーを簡単に得ることができる．

もちろん，動物を食べてもエネルギーは得られる．彼らは植物や小動物などの餌を食べてエネルギーを体内に蓄えているからである．しかし，動物は餌から得たエネルギーの多くを，歩いたり呼吸したりして自ら消費してしまう．だから動物を食べても，地上に降り注ぐ太陽エネルギーを利用する点では効率が悪い．そのため，日照量が十分にあって高温で降水量が多い熱帯のように植物がよく育つ地域では植物に依存した生活ができるのに対して，中央アジアやサハラ砂漠などの乾燥地域や北極圏のような寒冷地域では植物がよく育たないので，人が食べない草などを餌にするヒツジやヤギ，トナカイを食べることによって栄養を得てきたのである．

このように，熱帯地域では植物から炭水化物を得てエネルギーを確保する傾向が強くなり，寒帯地域や乾燥地域では植物に代わって動物から脂肪を得てエネルギーを確保するようになる．植物主体と動物主体の食文化は，基本的にはこうした環境の違いで説明できる．あとは，気温や降水量，日照量の違いから栽培する作物や飼育する家畜の種類は異なってくることになる．こうして地域固有の食は，地域で得られる食料によって長期にわたって育まれてきた．

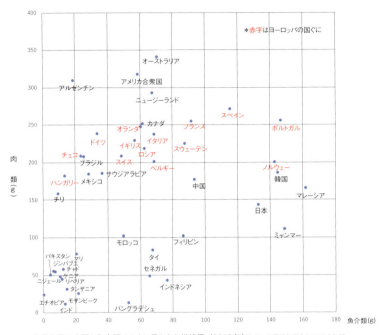

世界各国の肉類と魚介類の1人1日あたり供給量（2013年）資料：世界国勢図会2018/19年版

　食が自然環境に規定されていることは，たとえば世界の国々の食における肉類と魚介類の消費の違いからも理解できる．肉類と魚介類の供給量を見ると，ヨーロッパの国々は全般的に魚介類よりも肉類が多い．これに対して日本や韓国，中国など東アジアから東南アジアにかけての地域では，魚介類が比較的多い傾向がある．古くから家畜を飼育してきたヨーロッパでは，明らかに多くの肉が食べられている．ちなみにアメリカ合衆国やオーストラリア，アルゼンチンなどヨーロッパからの移民がつくった国々では肉の量がきわめて多い．これは肉食を求めた人々が18世紀以降，大西洋を渡ってきたからである．彼らの夢はまさに新天地で叶えられたといえるだろう．

　自然環境と食が長い歴史のなかで関わってきたことを示す例をもう一つあげよう．日本人の成人の4人に3人が牛乳などミルクを大量に飲んだ時に体調を崩す状態になるという．ミルクに含まれる乳糖を消化する酵素ラクターゼは乳児なら誰もがもっているのに，成人になると酵素の活性が落ちて乳糖を消化できなくなる．そういう人の割合が日本では比較的高い．ところが北西ヨーロッパあたりではその割合はきわめて低い．その理由は牧畜を営んできたことと関係があるとさ

1.1　文化的な現象としての食　　5

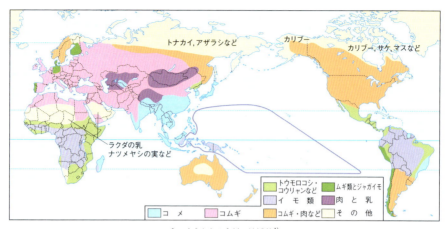

食の中心となる食材の地域差[1]
世界的に見るときわめて広い地域でムギが食べられている．

れている．長くミルクを飲む暮らしをしてきた人々には，成人になっても乳糖を消化する酵素が活性化したままというわけである．

このように食は，地域の自然環境とそれに規定される伝統的な暮らしと密接に関わってきた．食は人々の生活の根幹をなす部分であり，食文化と呼ばれるように，まさに文化的な現象としてとらえることができる．

1.2　社会的な現象としての食

食が地域によって異なる理由は，ここまででひとまずおわかりになっただろう．しかし，実際の食がそう単純でないことは誰もが知っている．同じ地域に住んでいても，必ずしも皆が同じように食べていない．食は人間の生命を支えるものであるから人間の欲求の対象になっている．そうすると，量が限られた食品をめぐって競争や争いが起こり，強い者が食を独占するようになる．これは生物に共通した現象である．

しかも厄介なことに，人には食をめぐる争いをいっそう激しくする理由が他にある．それは食には味があり，おいしい・まずいという評価がなされるということである．食は生命を維持するものである一方で，強い嗜好の対象にもなっている．つまり，おいしくて誰もが食べたい食品があり，特定の食が魅力あるものとして選ばれ，それをめぐって競争や争いが起きてきた．その結果，食はきわめて不公平に分配されてきたのである．

人の歴史を振り返ると，概して権力をもち，経済的に豊かな人々が食を独占し

てきた．食を得ることによって彼らは優越感を抱き，満足感を高めた．皆が欲しがるものを誰もが得られるわけではなく，特定の人々だけがそれを食べることによって大いに満足感を得て，笑顔で食卓を楽しんだ．しかもいったんあこがれの食を口にすると，食への欲望は尽きることなく，さらに味がよくて珍しいもの，手に入りにくい食を求めてゆく．食は豊かさを実感し，誇示するのに欠かせないのである．

　逆に，経済的に厳しく貧困な状況にある人々は，食の選択肢が限られ，場合によっては惨めな思いをすることにもなる．あるいは災害にあえば，食べたいものが食べられなくなる．身体が不自由なお年寄りもしかり．何かを食べることで空腹はしのげるものの，毎日同じような単調な食事が続けば，いつも笑顔ばかりではいられない．社会的に弱い立場に置かれた人々にとって，食は必ずしも満足ゆく状況にないというのも事実である．

　このように食は，権力や貧富などで規定される社会階層とも深く関わってきた．この点で食は，社会の不平等や不公平を反映する社会的な現象とみなすこともできる．

　ちなみに，ビジネスをはじめさまざまな場面で会食が行われ，パーティやコンパなどで人が集まれば，必ず食事をともにする機会が設けられる．同じものを食べることによって同じ境遇や社会的地位や社会的枠組みにいることを実感し，お互い打ち解け合って仲間意識を強めるのに有効だからであって，食が社会的な現象であることを踏まえればわかりやすい．

　さて，ここまでくると冒頭のコマーシャルが違って見えてきはしないだろうか．コマーシャルに登場する人々の笑顔が，じつは豊かさをアピールしていることがわかってくるはずである．そこに浮かび上がってくるのは，「自分もあんな風にして豊かな食事がしたい」と思わせるメッセージである．笑顔で食事をする姿が，理想としてテレビに再現されているのである．よく商品の紹介に「上質」とか「ぜいたく」という表現が使われるのも，食がそもそも平等に配分されないものであることを念頭に置けば納得できる．

　このように食には文化的側面と社会的側面があることがわかると，世界のさまざまな地域を読み解く手立てとして食に着目することが，今まで見えにくかった現実をあぶりだすことにつながってくるものと考えることができる．特にヨーロッパの食には地域的な多様性が見られ，しかもヨーロッパの社会・文化と食は密接に関わってきた経緯がある．ここでは，食全体に着目してヨーロッパの地域理解にアプローチすることにしよう．

1.3 地域的に個性あるヨーロッパの食

　ヨーロッパの食を見たとき，そこに地域的な多様性があることは，さきほどの肉と魚のグラフで確認できる．ヨーロッパの国々はいずれも肉の量については180〜270gでおおよそ共通しているのに対して，魚の量にはかなりの違いが見られる．ポルトガルやノルウェー，スペインは100g以上あって，日本をはじめ東アジア諸国に匹敵するほど魚が多いのに対して，ドイツやチェコ，ハンガリーの魚の少なさはアフリカ諸国並みである．

　では，具体的な料理となるとどうだろうか．ヨーロッパの料理と聞いて，すぐに思い浮かんでくるものにフルコースがある．色合いのよいサラダや見栄えのするオードブルで幕を開け，メインの肉や魚が堂々と登場．これにパンとバター，ワインやビールが見事な脇役を演じながら，終盤にはデザートが華やかさを持ち

イタリアン（2013年9月）

シーフードスパゲッティ
魚介のエキスが絡んだパスタは日本人の口にもよく合う．

イタリアンサラダ
（左から）ワインビネガー，バルサミコ酢，オリーブ油で好みの味が楽しめる．

イタリアンリゾット
コメどころでもあるイタリアならではのご飯．

カクテル，ヴェネツィアーノ
アペロールと白ワインでつくるカクテル．

8　第1章　ヨーロッパの地域性を食卓で読み解く

込み，果物やスイーツ，チーズが彩を添える．そして締めはコーヒーか紅茶で幕を閉じる….

有名な料理が多々あって，おいしいものだらけ，選ぶのがたいへん，というのがヨーロッパの食のイメージだろう．しかも食事の場であるレストランも，落ち着いたライティングが施され，テーブルクロスに白い食器と輝くグラス，フォークとナイフでご馳走をいただく，という

イタリアのパスタ（2018年8月）
スパゲッティのアーリオ・オーリオと，トマトなどを炒めた料理はオリーブ油の風味が決め手．

ヨーロッパならではのスタイル．おしゃれをして臨みたい，まさにあこがれのシーンがある．

しかし，同じヨーロッパでも場所によって料理が大きく異なるのは誰もが知るところである．国ごとに特有の料理があり，日本国内でもおなじみのフランスやイタリア，スペイン，ドイツをはじめ，ギリシャ，チェコ，ハンガリー，ポルトガルなど，どれも特色あるものばかりである．それぞれ食材も違えば盛りつけ方も違う．

たとえばイタリアンレストランに行くと，料理がいくつもの皿に分けて出されてくる．まず，パルマのプロシュート（生ハム）Prosciuttoのカルパッチョ Carpaccioを前菜にして，コムギのパスタPastaかコメのリゾットRisotto，続いてビーフかポークのコトレッタCotolettaを楽しむ．バジルやトマトの味わいも欠かせない．トスカーナ産の赤ワインならモンテプルチアーノMontepulcianoあたりが手ごろだ．デザートはティラミスTiramisùもいいが，薄切りにしたパルミジャーノ・レッジャーノParmigiano reggianoにハチミツを振りまいたのも悪くない．

一方，ドイツレストランでは，メインはやはり豚肉だろう．ドイツ各地で味わいの違うソーセージWurstが楽しめるし，おなかがすいていれば，すね肉を塩漬けにして茹で上げた巨大なアイスバインEisbeinや，ローストしたシュヴァイネハクセSchweinehaxeがお得だ．肉の付け合わせには焼いたジャガイモが盛られる．ドイツ料理は大きな皿1枚にすべてが乗っかってくる．塩味のある肉にマスタードをつけながら食べる．焼いたジャガイモにコクのある肉汁が絡み，あわせて口に運べば，豚肉のうまみが広がってゆく．これでビールが何杯でも飲める．

また，もっと国内各地にもローカルな料理がある．ドイツのバイエルンやイタ

ドイツの豚肉料理，カスラー（2011年8月）
豚の肩ロースをソースで和え，ザワークラウトとジャガイモでつくったクネーデルを添えた1品．

ドイツ語圏で人気のチェコビール，ブドヴァイサー（2011年8月）
山盛りの泡がビールの風味を守り，滑らかな舌触りでおいしさを引き立たせてくれる．

ドイツのビーフシチュー（2013年9月）
南ドイツからオーストリアに特有のパンでつくった団子のゼンメルクネーデルは，ビーフシチューのコクのあるソースとよく合う．

南西ドイツ・モーゼル河畔の町トリアでの食卓（2011年9月）
豚肉とジャガイモ，ライ麦パンとチーズ，そしてここでは辛口の白ワイン，リースリング．

リアのトスカーナ，スペインのバスクやカタルーニャ，フランスのアルザスやプロヴァンスなど，その特色ある料理は日本でもよく知られている．

たとえばアルザス料理ではフォアグラ Foie gras が有名だが，豚肉やジャガイモをオーブンで焼いたベッコフ Baeckeoffe や，発酵したキャベツをソーセージやジャガイモと煮込んだシュークルート Choucroute もはずせない．薄いピッツァのようなタルト・フランベ Tarte flambee（ドイツ語ではフラムクーヘン Flammkuchen）もいい．これにワインを合わせるなら，すっきり辛口のリースリング Riesling が間違いない．しかし，アルザスならではのワインといえば，ゲヴュルツトラミネール Gewurztraminer．その深みのある味わいは病みつきになること受けあいである．これにマンステール Munster という個性の強いチーズを合わせれば，口の中でまろやかなクリームのようにとろけて融合し，その絶妙なアンサンブルが心地よい．

アルザスの煮込み料理（2012年8月）
ブタのすね肉やソーセージをアルザス特産のベッコフ鍋で調理したもの．

バイエルンのソーセージ（2015年9月）
焼きソーセージとコムギのヴァイツェンビール．ミュンヘンでは朝からこのメニューである．

　これに対してバイエルン地方の名物といえば，白ソーセージWeißwurstとブレッツェルBretzelと呼ばれるコムギのパン，それにヘレスHellesと呼ばれるビールが定番である．白ソーセージはもともと傷みやすいことから，朝つくって午前中に食べる習慣が生まれた．現在でもこのソーセージは午前中のものとされている．ナイフで皮を切って中身だけ食べる．甘口のマスタードが心地よいアクセントになり，ビールがはかどる．ブレッツェルにまぶされた岩塩の味わいもビールに合う．ミュンヘンでは，白ソーセージを食べながらジョッキを傾ける人の姿が朝から見られる．このおおらかな雰囲気はいかにも南ドイツである．

　ヨーロッパでは，こうした食の地域差が手軽に体験できる．各地を食べ歩きながら，店で地域の伝統料理を注文すれば，相席の地元の人たちと目が合って会話が始まる．料理にまつわる話題から，徐々に地域の生活文化へと話が広がっていく．やがて打ち解けてくると料理の自慢が始まり，彼らが自分たちの食に強い愛着をもち，誇りにしていることがわかってくる．このお決まりともいえるパターンを何度も経験すると，食卓に並べられた料理が地域を知る手がかりになることが見えてくるのである．

1.4　ヨーロッパ特有の食の展開

　ヨーロッパの食は魅力にあふれている．では，なぜヨーロッパにはそのような食が発達したのだろうか．
　ヨーロッパはユーラシア大陸の西部に位置し，その面積はロシアを除くと約

600万km^{2}の地域．これは世界の南極大陸を除く陸地総面積1億3620万km^{2}のわずか4.4％にすぎない．にもかかわらず，そこにはきわめて多様な地域文化が見られる．食も同様である．しかし，今日あるヨーロッパの食が古くからあり続けてきたわけではない．ヨーロッパがたどってきた長い歴史のなかで，さまざまな政治や経済，社会の変動が生じ，それに応じるように食も大きく変化してきた．その経緯をざっと追ってみよう．

ヨーロッパの食料は，じつはもともときわめて貧弱だった．それはヨーロッパ原産の農作物が非常に少ないことからもわかる．世界における農作物の伝播を解説した星川清親の『栽培作物の起原と伝播』を見ても，果実や牧草を除けば，ヨーロッパ原産のものはエンドウやキャベツ，パセリやカブ，カリフラワー，アスパラガスなどに限られ，しかもいずれも地中海地方が原産地である．その理由は，約1万年前までヨーロッパ北部から中部にかけて氷河が広く覆い，寒冷だったために植物の多くが死滅して種類が激減したからであり，かろうじて地中海地方に食用になる植物が残されたにすぎなかったためである．

つまりヨーロッパの食は，それ以後，他の地域からさまざまな農作物が入ってきたことによって生み出されてきたものにすぎない．それゆえに新しい農作物がいつどこから伝わってきたのか，その経緯を追っていくと，今あるヨーロッパの食の形成過程が見えてくる．

ヨーロッパにはまず，古代に西南アジアのメソポタミア地方から膨大な種類の作物が伝えられた．ムギをはじめ，タマネギ，ホウレンソウ，ブドウなどが伝わり，ヨーロッパの基本的な食が定着していった．

氷河期におけるヨーロッパの氷河分布[2]

新大陸と旧大陸の違い[3]

これが1492年に始まるヨーロッパ人による「地理上の発見」によって大きく変わる．ヨーロッパの人々は世界に進出し，ありとあらゆる珍しいもの，興味を引いたものをヨーロッパに持ち帰ってくる．特に新大陸からは多くの作物が持ち込まれた．トウモロコシ，ジャガイモ，トマト，トウガラシなど，どれもヨーロッパの人々の胃袋を満たしてゆく．ヨーロッパの食は決定的に変わり，代わって新大陸はヨーロッパの人々が骨の髄までしゃぶりつくす場と化したのである．

　なお，この広大な大陸がヨーロッパの人々によってやすやすと征服された理由については，アメリカの生物学者ジャレド・ダイアモンドJared Diamondの名著『銃・病原菌・鉄』の解説がおもしろい．ひと口に言えば，スペイン人たちは新大陸の人々よりもはるかに高い技術と免疫をもっていた．その決定的な理由は，ヨーロッパがあるユーラシア大陸が東西に長く，同じ気候帯で農作物の栽培や家畜飼育の道具をはじめ，衣類や家屋をつくる技術も共有できたからだとされる．古くから東西交易が盛んになされ，戦闘を繰り返し，より威力のある武器もつくられた．病原体も行き交い，強い免疫を生んだ．これに対して南北に長いアメリカ大陸では，気候が異なるために技術の共有がしにくく，交流の機会が少なく，水準は低いままだった．技術と免疫で「武装」したヨーロッパ人の侵入は，「丸

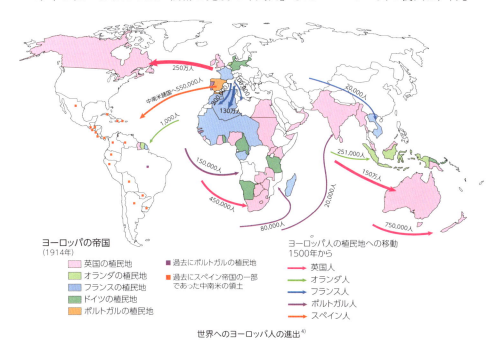

世界へのヨーロッパ人の進出[4]

1.4　ヨーロッパ特有の食の展開

腰」の人々にとって悪夢以外の何物でもなかった．その結果，新大陸はヨーロッパの餌食になったのだという．

　ヨーロッパの人々はこれに味を占め，世界各地に向けて食指を動かしていく．そしてそこで見つけた新しい食料を次々に持ち帰ってきた．これらは二つのタイプに分けられる．一つは，ジャガイモやトウモロコシ，トマトなどヨーロッパの自然環境に適していて，栽培できるもの．これらは広い地域で大量に生産され，多くの人々の食料となって暮らしを支えた．一方，気候に適していないことから栽培できない作物も多かった．サトウキビやコーヒー，茶，カカオなどが代表的である．これらは栽培に適した熱帯地域で生産され，ヨーロッパに運ばれた．ただし，人気商品であり，輸送コストがかかるうえに輸送中の難破や海賊による略奪のリスクもあって，ヨーロッパでは高価格で取引された．

　一方，ヨーロッパは18世紀後半から本格的な工業化の時代を迎える．工場における大規模な生産が実現され，大量生産・大量消費の時代へと突き進む．食品工業も同様であり，それまで消費が限られていた食が一気に大衆のものになっていった．19世紀半ば以降，大量生産が可能になったものとして，ビールやコーヒー，チョコレート，さらに缶詰やインスタント食品があげられる．ヨーロッパは世界最初の工業化を経験したことから，工業製品としての食品も世界で最初につくられた．そしてその製造方法がマニュアル化されることによって，収穫の時

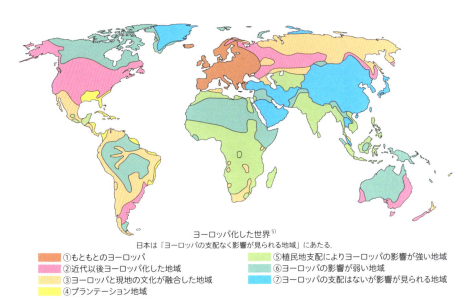

ヨーロッパ化した世界[5]
日本は「ヨーロッパの支配なく影響が見られる地域」にあたる．

- ①もともとのヨーロッパ
- ②近代以後ヨーロッパ化した地域
- ③ヨーロッパと現地の文化が融合した地域
- ④プランテーション地域
- ⑤植民地支配によりヨーロッパの影響が強い地域
- ⑥ヨーロッパの影響が弱い地域
- ⑦ヨーロッパの支配はないが影響が見られる地域

期に関わりなく，また収穫の出来不出来に関係なく，一定の品質で食品が提供できるようになった．さらに原料を輸送することによって，場所を問わず同じ質の食品を世界どこでも製造できるようになっていく．

さらに20世紀後半以降は，ヨーロッパに北アフリカやトルコなどヨーロッパ以外の地域から多くの外国人が住むようになる．彼らは自身の食を持ち込み，独特の味や風味をヨーロッパの人々に伝えた．近年は，世界各地からヨーロッパに向けて移民や難民が流入しており，それに伴ってさまざまなエスニック料理がヨーロッパの人々に受け入れられつつある．

このように食はヨーロッパの文化や社会の変化と連動して絶えず変化してきた．特定の食がヨーロッパの人々の暮らしを支えてきたわけだが，一つ一つの食材や料理がヨーロッパの特定の地域の人々のものから，次第にヨーロッパ全体で食べられるようになった．そうした歴史的変化がまさにヨーロッパという地域の変化と連動しているところに，食に着目したヨーロッパ地域理解のおもしろさが見出せるだろう．そこで以下の章では八つのテーマ，すなわち自然と農業，農村，都市の景観，観光地，工業化，多文化社会，地域の個性化，グローバル化に絞って解説する．個々のテーマを追うことによってヨーロッパの全体像に迫ろうというわけである．

最後に，ヨーロッパと世界との関係に目を向けたい．アメリカの文化地理学者テリー・ジョーダン＝ビチコフ Terry Jordan-Bichkov が指摘するように，以降，ヨーロッパの人々が世界に進出したことにより，世界はヨーロッパの影響を強く受けてきた．その程度は地域によって異なり，北アメリカやロシア西部，オーストラリアのように新たにヨーロッパ文化が定着した地域もあれば，インドやアフリカ中央部のように植民地支配によって独自の文化が大きく変容した地域もある．いずれにしてもその結果，世界はヨーロッパ化の道をたどってきた．食も同様で，ヨーロッパの食が世界に伝わり，各地で受け入れられている．

一方，日本や中国など東アジアはヨーロッパの支配を受けず，その影響が比較的少なかった点で世界でも珍しい地域といえる．それは，東アジアが今もなお，独自の文化を維持し続けていることからもわかる．日本や中国，韓国には独自の文字があり，伝統的な文化があちこちに残されている．ヨーロッパとさまざまな関わりをもってきたとは言え，世界的に見れば，明らかに固有の歴史的文脈をもち続けてきた地域なのである．

ヨーロッパと日本とはどれだけ違うのか．たとえば食卓に目を向ければ，そこに並べられた料理や食器の違いは一目瞭然である．しかしそれだけでなく，その

食べ方にもはっきりした違いが見て取れる．

　ヨーロッパでは，フランス料理のようなフルコースでもドイツの一品料理でも，料理は皿を単位にして出される．皿に盛られた料理を1皿ずつ食べていく格好になる．スパゲッティ，ビーフシチュー，ソーセージとジャガイモの盛り合わせ．どれも1皿に盛られた料理をひたすら食べてゆく．フルコースでは一つの料理を食べ終えないと，次が出てこない．ちなみに英語でdishは皿だけでなく皿に盛られた料理も指すが，その理由はこのあたりにあるのかもしれない．

　これに対して日本では，料亭のお膳だろうが食堂の定食だろうが，食器ごとに料理を食べるのは望ましくないこととされている．日本食の作法では，同じものだけを食べ続けることを片づけ食いとか重ね箸といって嫌い，タブーとされてきた．望ましいのは並べられた料理にはまんべんなく箸が届くようにすることで，だいたい同時にすべての食器から料理がなくなり，食事が終わるのを良しとする．いろいろな料理に箸を運び，一緒に食べるのが日本の食習慣なのである．

　これは今さら指摘するまでもない，わかりきったことと思われるかもしれない．しかし，ヨーロッパと日本の決定的に違うところとして，あえて強調したい．というのは，料理が違っても食べ方は意外に変わらないからである．

　かつてドイツの学生食堂でドイツ人と日本人で食事をした時のこと．スープとジャガイモ付きの肉料理のセットで昼食をとったところ，ドイツ人学生たちは，まずスープを平らげ，それから肉料理に取りかかった．ところが日本人学生の多くは，まずスープを口にするものの，すぐに肉に移り，肉とジャガイモを食べながら合間にスープ，という食べ方をした．一つのプレートに乗っていてもヨーロッパではそれぞれの料理は別物で，それらを順番に食べていく．日本だとプレート全体をまるで一つの料理のようにとらえる点で大きく違う．

　こうした違いはさまざまな理由によるが，日本ではご飯であるコメを中心にした食事であることが，おかずをまんべんなく食べる作法を維持してきたのだろう．第2章で述べるが，日本の食には主食と副食の概念がはっきりしていて，それがヨーロッパとは異なる食習慣を生んだと考えられる．

　一例にすぎないが，このような違いを念頭に置くと，われわれはヨーロッパを外から見る立場にいることがわかる．そこでこの視点も意識しながら，各地の料理を味わって得た話題を取り上げて，ヨーロッパという地域に迫ってみよう．

第2章
自然と農業を
ムギと油脂で読み解く

フェルメール「小路」

2.1 ヨーロッパの自然・農業・食

　ここに3枚の有名な絵がある．1枚目はセザンヌの「ガルダンヌ」．南フランスのプロヴァンス地方にある町を描いた作品である．鮮やかな緑の畑の先に家並が見え，赤い屋根と黄土色の石壁，そして空の青さが映える穏やかな農村のたたずまいが美しい．そこには地中海からの風がそよぎ，南国特有の香りが漂うなか，のどかな人々の日常がある．そんな情景が伝わってくる．

　2枚目はブリューゲルの「農民の婚宴」．舞台はベルギーの農村である．木の柱と土壁という粗末な農家で，長テーブルを置いて婚礼の宴会が繰り広げられている．大勢が集まった祝宴だが，誰もが料理を手にするのに忙しい．壁に掛けた布の前に座っているのが花嫁らしい．しかし，彼女に顔を向けている客は一人もいない．宴会でありながら，そこには切ない村の貧しい暮らしが見て取れる．

　最後の1枚（上）はフェルメールの「小路」．オランダの町デルフトに住んでいた家の窓から見える街角である．古びたレンガ造りの切妻の建物で縫物をする女性，そして路上で遊ぶ子どもたち．見慣れた風景を描いた作品である．奥の民家もレンガ造りで，どれも同じように傷みが目立つ．このレンガばかりのモノトーンな風景が，静かに過ぎてゆく時間のなかで毎日繰り返されているありふれた暮らしとダブって見えてくる．

セザンヌ「ガルダンヌ」

ブリューゲル「農民の婚宴」

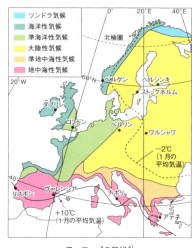

ヨーロッパの気候[6]

さて，これら時代も作風も異なる絵を並べたのには訳がある．石造りの家が並ぶ南フランスと，ベルギーの農村の木造家屋，レンガ造りのオランダの町並みというように，場所によって建物の造りが違うことに注目してほしい．それぞれ描かれた建物が違うと言ってしまえばそれまでだが，それがヨーロッパの自然と農業，食と関係しているとしたらどうだろうか．

ヨーロッパの自然を見ると，そこにはかなりはっきりとした地域的な違いが確認できる．たとえば気候．ヨーロッパは日本と同じく温帯にあって，季節に対応した衣食住など生活文化が育まれ，多彩な農作物がつくられている．さまざまな食材が手に入る環境が温帯にはある．

しかし，ヨーロッパの気候を詳しく見ると，アルプスの北と南でその特徴が大きく違うことに気づく．南側には地中海地方特有の地中海性気候が卓越する．夏は雨が降らず，高温で著しい乾燥に見舞われ，冬に雨が降る．まさに夏のバカンスにもってこいの気候である．一方，アルプスの北側では年間を通して雨が降って乾燥の季節はない．特に大西洋に近い北西ヨーロッパでは，海洋の湿った大気の影響を受けて温暖で降水量が多い西岸海洋性気候が見られる．逆に東へ内陸に向かうと，夏と冬の気温の差が大きい大陸性湿潤気候となっている．

そこでこうした気候の地域的な違いを念頭に置いて，改めて絵に描かれた建物を見てみると，そこには人々が培ってきた自然との関わりが透けて見えてくる．それぞれの建物を解説してみよう．

まず建物を建てる場合，その加工のしやすさから一般に木材が使われる．そこで近くに森林があって木材が手に入りやすければ，建物は木造になる．ところが地中海沿岸では乾燥した気候のために樹木の成長が遅いのにもかかわらず，古代から開発が進んで森林が伐採されてしまったうえ，牧畜によって草木が食べられてしまうために，はげ山が多い．あるいは乾燥のために山火事も多い．そこでスペインからフランス南部，イタリアを経てギリシャに至るまでの地中海沿岸では，木材が十分に手に入らないことから石造建築が卓越している．これに対して，北の地域では季節を問わず雨が降るので樹木が多く，木材が手に入る．北フ

石造家屋が立ち並ぶヴェネツィア（2005年3月）
運河に面する建物はどれも石を積んでつくられたものである．

アルザス地方・コルマールの木骨造家屋（1984年9月）
ブナ材などで柱を立てて，壁を白い漆喰で固めた建物が美しい．

ランスからベルギー南部，ドイツ中部，さらに東のチェコやポーランド南部あたりにかけての地域には，ブナやナラなど落葉広葉樹の森が広がっており，木材を柱にして壁に漆喰を塗り込めた木骨造と呼ばれる木造建築が目立つ．ただし，北海やバルト海沿岸では，かつてあった氷河の影響を受けて砂質の土壌が

クロアチアにて「火事に注意！」（2004年9月）
夏の高温乾燥で山火事が頻繁に起こっている．

広がっているために森林の発達があまり見られず，木材が手に入りにくいうえに石材も十分にない．そこでオランダや北ドイツ，イギリス南部などでは，粘土や泥を焼いて固めたレンガを利用した建物が目立っているというわけである．

このようにヨーロッパでは，多様な自然によって地域ごとに個性ある文化がつくりだされてきた．気候によって農作物も決まるので，その結果として地域それぞれに特有の食が生まれてくる．つまり基本的にはヨーロッパの食の多様性は，建物の場合と同様に気候の多様性によって説明することができる．

さて，これからヨーロッパの食の多様性を説明するにあたり，食のベースになっているムギと油脂に目を向けよう．ヨーロッパの食を見渡すと，どこでも食べられているのがパンである．その材料はムギで，場所によってコムギやライムギが選ばれている．また地

ドイツのパン店（2002年8月）
ライムギのほか，ディンケル（スペルト小麦）のパンも人気がある．

2.1 ヨーロッパの自然・農業・食

イタリアのパスタ料理アーリオ・オーリオ・ペペロンチーノ（2018年9月）
オリーブ油とニンニクだけで仕上げる単純な料理なのでコックの腕がわかるといわれる．

シーフードピッツァ（2013年9月）
ムール貝とイカはイタリアのシーフード料理に欠かせない．

オリーブを使ったカプレーゼ（2018年9月）
トマトとモッツァレラチーズ，バジルを合わせたイタリア国旗を想起させるサラダ．

中海地方ではスパゲッティ Spaghetti などのパスタやピッツァ Pizza が食べられているが，これもムギを材料にしている．つまり，ヨーロッパではほぼ全域でムギが食べられている．これに肉や魚介類など地域によってさまざまな食材が組み合わせて食事がとられる．ヨーロッパの食におけるムギの重要性は，日本のコメとよく比べられるが，パンのない食事が考えられないくらい，ムギは欠かせない食材である．

　もう一つヨーロッパの食に欠かせないのが油脂である．たとえば地中海沿岸地方では，パスタ料理や肉料理，サラダなど多くの料理にオリーブ油が使われている．スパゲッティのアーリオ・オーリオ・ペペロンチーノ Aglio olio e peperoncino

ポタージュ（2018年12月）
↑
北西ヨーロッパの料理
バターを使った料理
フランスの代表的なスープ
ポタージュクレーム
小麦粉をバターで炒めたルウを使ってとろみをつける．
仕上げに生クリームを使う．

地中海地方の料理
オリーブ油を使った料理
イタリアの代表的煮込み
ミネストローネ
オリーブ油で炒めた野菜をトマトで煮込む．
↓

ミネストローネ（2018年12月）

グヤーシュ（2019年2月）
ハンガリー産パプリカで赤く染まったビーフシチュー．
↑
東ヨーロッパの料理
ラードを使った料理
ハンガリーの代表的煮込み
グヤーシュ
ラードで炒めた牛肉をブイヨンとパプリカでじっくり煮込む．

のようにオリーブ油の味わいが中心のパスタもある．これに対して北西ヨーロッパでは，バターの使用量が多くなる．特にフランスでは，ポタージュPotageや肉料理にかなりの量のバターが使われる．バターのうまみが料理の味を引き立てているのである．一方，東ヨーロッパではブタの脂であるラードが調理の基礎に置かれる．ハンガリーの代表的なシチューであるグヤーシュGulyásやウクライナの伝統料理であるボルシチBorschtは，かなり多めのラードを使った煮込み料理である．つまり種類に違いはあるものの，ヨーロッパのどこでも油脂がふんだんに使われている．この点，煮物や酢の物など油脂を一切使わない料理がある和食とは大きく違うところであり，最近はそれゆえに和食は健康的だとヨーロッパでは一定の評判を得ている．

ムギと油脂．じつはこの二つの食材には，自然に対応したヨーロッパの人々の知恵が潜んでいる．ここではムギを食べる彼らが，さまざまな工夫をしながら命をつないできた様子を見てみよう．

2.2 地中海地方のムギと油脂

ヨーロッパでムギが栽培されるようになったのはかなり古い．コムギ*Triticum aestivum*はもともとメソポタミア地方原産で，比較的乾燥した環境で栽培化され，重要な食料源としての地位を獲得した．これがヨーロッパに伝わるのは紀元前3000～2000年頃．以来，ヨーロッパの人々の食料として利用されてきた．

コムギは多くの日照量を必要とすることから，ヨーロッパではまず地中海地方で栽培が進んだ．古代から地中海地方の人々の食料となり，パンを焼いて食した．古代ローマ帝国では，コムギの種類がいくつもあるなかで，エンマー小麦*Triticum dicoccum*とスペルト小麦*Triticum spelta*が栽培されていたらしい．前者

肥沃の三日月地帯から
コムギの伝播
（肥沃三日月地帯：さまざまな野生植物が栽培作物化された地域．紀元前7000年より以前に食料生産が行われていた）
→ヨーロッパ，アジア，新大陸の温帯地域へと伝播
→ユーラシア大陸では紀元前に伝播

コムギの世界伝播[7)]
数値は世紀を示す．以下，世界伝播の図について同様

はパスタに合うことから，今日スパゲッティの材料として知られるデュラム小麦 *Triticum durum* に発展した．また後者はパンをつくるのに適していることから，今では広くパン小麦（ここでいうコムギ）として知られる．

しかし，ムギには限界があった．そもそもムギを食べるのは，人が生きてゆくために必要な炭水化物を得るためである．炭水化物は体内で消化されてグルコースに分解され，これが身体を動かすためのエネルギー源となる．しかし，ムギは穀物のなかでも生産性はあまり高くない．世界には炭水化物を得るための三大穀物としてコメとムギとトウモロコシがあるが，それらを比べるとムギは同じ面積でも収穫量はずっと少ない．つまり，ムギだけに頼っては得られる栄養には限りがあるということ．しかも同じ畑でつくり続けると，生産量が落ちていく．いわゆる連作障害を起こしやすく，毎年同じ畑で繰り返しムギをつくるわけにいかないのである．

このようなムギ特有の条件を踏まえて，あらためて地中海の気候環境との関係に目を向けてみよう．地中海地方では，夏に乾燥する地中海性気候に適応して食料を確保するための農業が発達してきた．イベリア半島南部からフランス南部，イタリア半島からギリシャにかけての地域では，冬に雨が降り，比較的温暖である一方で，夏はほとんど雨が降らず，晴天が続き，強い日射によりきわめて高温になる．たとえばイタリアのローマでは，年降水量 707 mm のうち，7月の降水量は 19 mm にすぎない．農作物で食料を得るには決してよい条件とはいえない．

こうした環境で炭水化物を得るために，ある程度の雨が降る冬に栽培できるコムギが選ばれた．地中海沿岸地方では，半年だけ食料としてのムギがつくられた

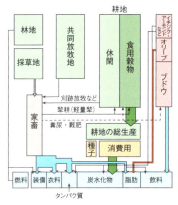

地中海式農業システム[8]

クロアチア・アドリア海沿岸にひろがるオリーブ畑（2018年9月）
地中海地方特有の赤土テラロッサに繁るオリーブ樹．

のである．一方，雨が降らない夏は穀物の栽培が厳しく，乾燥に強い多年生の樹木の生育に限られることから，オリーブ *Olea europaea* が栽培され，オリーブ油が生産された．これは，コムギから得られるエネルギーを補う食品として活用された．こうして地中海地方では，年間を通じてエネルギー源を獲得できる地中海式農業が発達してきた．

　オリーブは北アフリカ原産で，次第に地中海地方へと伝えられたとされる．乾燥に強いことから夏に栽培され，秋にできる赤褐色の果実がさらに冬になると熟して紫黒色になる．この果実には多量の油脂が含まれており，貴重な栄養源として利用できる．そこでこれらの地域ではかなり早い時期からオリーブの栽培が行われてきた．現在も世界のオリーブ油の生産量305万tのうち224万t（73.5％）をスペイン，イタリア，ギリシャの上位3国が占めている（2014年）．

　夏の高温乾燥の環境では，オリーブ以外にもミネラルやビタミンを提供してくれるブドウ，オレンジやレモン，トマトなど乾燥に強い作物が栽培されている．その結果，地中海地方には，パスタにオリーブ油やニンニク，トマトなどを加えたイタリア料理のような食が発達してきた．

　また，北イタリアから南フランス，スペインのヴァレンシア地方にかけての地域では，比較的夏に雨が降る温帯湿潤気候が見られることから，夏にコメが栽培されてきた．特に19世紀に灌漑設備が大規模に整えられると，これらの地域はヨーロッパ屈指のコメの栽培地域に発展していった．コメは多くの収量が得られ，これらの地域の人口の増加を促し，産業の発展にもつながった．イタリアのリゾットやスペインのパエリア Paella などのコメ料理は，こうした経緯を経て人気を博するようになったものである．

　なお，地中海地方では牧畜も行われた．ムギを生産する農家とは別に，山間地でヒツジやヤギの飼育がなされ，人々に脂肪やタンパク質を補ってきた．イタリ

南フランス・ローヌ川沿いの水田（2000年5月）
地中海沿岸では川沿いの平地が灌漑のおかげで広大な水田になった．

北イタリアのシーフードリゾット（2013年9月）
魚介とあわせたライスの味わいが絶妙である．

2.2　地中海地方のムギと油脂　23

ドイツ・シュヴァルツヴァルトのヒツジの放牧
（1995年10月）
南ドイツの山間地でもヒツジが飼育されている．

南フランス・マルセイユ近郊でのヒツジの放牧（2000年5月）
乾燥した地中海地方ではヒツジは重要な家畜である．

アのアペニン山脈やフランス・スペイン国境のピレネー山脈などでは，夏の期間，餌となる草を求めて家畜を標高の高い草地に移動させて放牧する移牧が行われ，肉やミルクが生産された．ただし，夏の乾燥のために草の成長が限られていることから，傾斜地での移動が容易で，土を掘り返して地中にある木の根や茎まで食べるようなヒツジやヤギが飼育された．そのため，山地での放牧によって森林の再生が妨げられ，樹木がさらに失われたことは先に述べたとおりである．

最後に，魚介類に触れておこう．地中海沿岸の食というと農産物が前面に出るが，もちろん魚を食べる習慣も古くからある．サバやイワシ，タコやイカなど多彩な地中海の恵みが豊かな食文化を彩ってきた．いずれも地中海地方の人々にとって重要なタンパク源になっている．冷蔵技術が発達した今でも，魚介料理の本場は圧倒的に海沿いの地域に限られる．

地中海沿岸は魚好きにはこたえられないグルメスポットが目白押しである．なかでもクロアチアの海岸がおすすめである．ドゥブロヴニクやスプリトといった

クロアチアの魚介料理カラマリ（2018年9月）
新鮮なイカはグリルに限る．

クロアチアの港町スプリトの魚市場（2004年9月）
アドリア海で獲れる新鮮なエビや小魚は住民の重要なタンパク源である．

世界遺産の美しい都市が点在するほか，結晶質の岩盤のおかげで海水の透明度が高く，ダイビングのメッカでもある．沖合に島が並ぶダルマチア式海岸の景観が，限りなくロマンチックである．夕日は1人で見てもいい．

美しいビーチでくつろぎ，あるいは沖合から眺める石造りの町並みが美しい．海を臨むレストランではカラマリCalamariのグリルをオリーブ油と絡めた一品，そしてイタリア同様，パスタが人気だ．これに地物の白ワインであるデビトDebitが心地よくマッチする．地中海地方特有の豊かな食が海岸でも堪能できること受けあいである．

クロアチアの海岸（2004年9月）

アドリア海には多くの島が浮かぶ．陸繋島に発達した都市プリモシュテン．

古代ローマ帝国時代から港で栄えたスプリトの町．

2.3 ヨーロッパ北半部のムギと油脂

　地中海地方の北には，イギリスやフランス北部，ドイツからポーランド，ロシアに至る東ヨーロッパ平原にかけての広い地域にわたって，特色ある気候環境が見られる．西部の西岸海洋性気候と東部の大陸性湿潤気候であり，いずれも地中海地方に比べると夏の日照量は少なめだが，年間を通じて雨が降り，冬の寒さも作物を栽培するには大きな障害にはならない．特に西岸海洋性気候は，大西洋を北上する暖流である北大西洋海流と偏西風の影響を受けて，高緯度でありながら比較的温暖で，しかも比較的湿潤で年間を通じて雨が降る．北緯50度に位置するロンドンの年平均気温は，11.8℃．北緯45度に位置する稚内の年平均気温6.8℃を大きく上まわるのはそのためである．

　ただし，こうした海洋の影響は東に行くにしたがって弱まり，東ヨーロッパでは大陸性湿潤気候になる．そこでは夏と冬の気温の格差が大きく，冬の寒さはかなり厳しくなる．ヨーロッパの冬の寒さは，南北ではなく東西で違ってくるのである．それでもフィンランドのヘルシンキは北緯60度に位置しながらも年平均気温は5.3℃．稚内とさほど違わない．ほぼ同緯度に位置するシベリア東部のオイミャコンの−15.5℃に比べると，その暖かさは際立っている．

　そこでこの一帯では，地中海地方とは違って基本的に夏も冬も穀物の栽培が行

ドイツのライ麦パン (2018年11月)
ドイツのパンは小さくても重みのあるものが多い．

チェコの伝統的な肉料理 (2011年8月)
クネドリーキというチェコ独特の小麦パンが添えられている．

われている．つまり，年間を通じて炭水化物を得ることができる点で特色がある．その最も典型的なのが混合農業である．

　混合農業の特色は，コムギのほかにライムギ *Secale cereale* を冬に栽培し，オオムギ *Hordeum vulgare* やエンバク *Avena sativa* を夏に栽培してきた．また，夏にはジャガイモも栽培し，大量の炭水化物を獲得している．さらに畑作と並行して食肉用の家畜，特にブタの飼育も行われており，先のオオムギやエンバク，ジャガイモを飼料としても利用する．このように畑作と家畜飼育が密接に関わっていることから混合農業と呼ばれている．

　豚肉は多くの脂肪とタンパク質を含んでおり，人が生きてゆくのに必要な栄養物を提供してくれる貴重な食料である．ムギだけでは不足するエネルギーとタンパク質を確保するうえで，豚肉は欠かせない食料になっている．その結果として，北西ヨーロッパから東ヨーロッパにかけての地域では豚肉を使った料理が一般的である．ラードを使った料理が基本であり，それが人々のエネルギーのもとになっているほか，ソーセージをはじめ，カツレツやシチューなど豚肉をメイン

豚のすね肉を焼いたドイツ料理・シュヴァイネハクセ
(2014年9月)

豚のすね肉のロースト，シュヴァインスブラーテン
(2011年8月)

ドイツのポークカツレツ
(2017年9月)

ディッシュとする食が各地に見られる.

　ではなぜブタなのか. この一帯は地中海地方のように日照量に恵まれていないのでオリーブは育たず, オリーブ油は手に入らない. しかし, ここにはブタが生きてゆくための十分な条件が整っていた. それは北西ヨーロッパから東ヨーロッパにかけて広い地域に分布する落葉広葉樹の森であり, ここでブタが放牧できたからである. このブタを飼う農業の歴史は, 中世に発達した三圃式農業にまでさかのぼる. この農業を詳しく見てみよう.

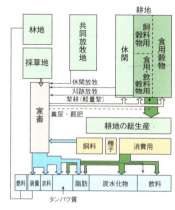

三圃式農業システム[8]

　三圃式農業の特徴としてまずあげられるのは, 農業集落ごとに農地が冬作地・夏作地・休閑地の三つに分けられ, 作付けのローテーションに従って栽培する畑を毎年変えるという点である. つまり, コムギなどの冬作, オオムギなどの夏

中部ドイツの農村（1984年4月）
集落のまわりに農地が広がる様子に中世以来の伝統が見える.

ドイツ南部でのブタの放牧（1984年9月）
放し飼いにする伝統が今も続けられている.

クロアチアの首都ザグレブの市場で売られる豚肉
（2004年9月）
今や地中海に近い地方でも大量の豚肉を食べているのがヨーロッパである.

2.3　ヨーロッパ北半部のムギと油脂　　27

作，そして何もつくらない休閑というローテーションを行うことによって，農地は3年に一度休められ，地力を回復させ，一定の収量を確保することに成功していた．気温と日照量が十分でなく，地力の回復もゆっくりであることから，毎年一定の収穫量を確保するために考え出されたシステムだった．

一方，この農業で欠かせなかったのが，集落の周辺一帯にひろがる広大な落葉広葉樹林を利用したブタの林間放牧だった．ヨーロッパのこの地域では，年間を通じて降水量があるためにブナやナラ，クリなどの落葉広葉樹が茂り，広大な森を構成してきた．ブタは雑食性であることから，ドングリやキノコ，さまざまな小動物が生息する落葉広葉樹林はエサの宝庫になる．ブタを森林に放し飼いにすることで，すくすくと成長してくれる．また休閑地に放し飼いにすれば，糞によって土壌中に栄養分が補給され，地力回復にも貢献できる．こうしてブタの飼育は土地の自然環境に見合う家畜として積極的に取り入れられ，冬になる前に解体されて肉や血が食料となった．三圃式農業とは，家畜としてブタを飼育することによって，毎年一定の栄養を得ることができる農業システムなのである．

ただし，生肉はすぐに腐ってしまう恐れがある．そこで早くから保存の工夫がなされてきた．ソーセージもその一つである．ミンチにした豚肉をブタの腸に詰め，燻製にすることによって長時間保存できるようになる．ドイツをはじめ，ヨーロッパ中央部ではさまざまな種類のソーセージがつくられてきた．フランク

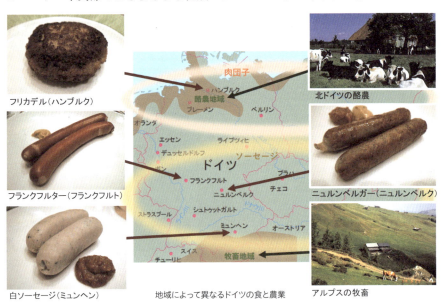

地域によって異なるドイツの食と農業

28　第2章　自然と農業をムギと油脂で読み解く

南ドイツ・バイエルン地方のソーセージ料理（2018年11月）
ニュルンベルガーにマスタードとジャガイモ，ザウアークラウトの相性がいい．

南西ドイツ・プファルツ地方特産のザウマーゲン（2002年8月）
手前の丸いものがブタの胃袋に詰めたソーセージ，中央に血のソーセージやレバーソーセージなどが並ぶ．

フルター Frankfurter（フランクフルト）をはじめ，ニュルンベルガー Nürnberger（ニュルンベルク），ウィンナー Wiener（ウィーン），プラーガー Prager（プラーク，チェコの首都プラハのドイツ語名），クラカウアー Krakauer（クラカウ，ポーランド南部の都市クラクフのドイツ語名）などそれぞれ町や地方の名前で呼ばれた．都市の名前がついているのは，中世以来，ブタの飼育が盛んな地域にある都市で肉市が開かれ，肉の取引がなされていたからで，豚肉はソーセージ職人の手で加工され，肉の挽き方も香辛料などによる味付けもそれぞれの町独特のやり方でなされた．これが町ごとに個性あるソーセージを生みだしたというわけである．

すでに述べたように，ブタの放牧の伝統は落葉広葉樹林が分布する地域で行われたので，著名なソーセージの分布は落葉広葉樹林の分布とほぼ一致する．ソーセージで有名なドイツを見ると，落葉広葉樹の森が分布するのは中部から南部にかけての地域．北部の北ドイツ平原は砂地が広がっていて森林が少ないから，ドイツのソーセージの産地は中部以南になる．ベルリンやハンブルクなどレンガ造りの建物が目立つ北部の都市，あるいは旧ドイツ領だったダンツィヒ（現在のポーランドのグダンスク）やケーニヒ

リューベックのホルステン門（1992年8月）
かつて繁栄したハンザ都市を象徴するレンガ造りの建物．

2.3　ヨーロッパ北半部のムギと油脂

スベルク（現在のロシアのカリーニングラード）では，ソーセージよりも肉団子が知られる．ケーニヒスベルガー・クロプセ Königsberger Kropse（肉団子のホワイトソースがけ）やハンブルクのフリカデル Frikadelle（ひき肉をハンバーグのようにまとめてフライパンで焼いたもの）は，今やドイツ国内どこでも食べられる人気の料理だが，もともと市場に出まわる肉の増加に伴って生み出されたものになる．

　余談だが，ハンバーグはハンブルクを英語読みしたもの．アメリカ合衆国に渡ったドイツ系移民が持ち込んだ挽肉料理を起源とする説が有力だ．移民たちがアメリカで生計を立てていくために，フリカデルをハンバーガー・ステーキ Hamburger steak と名づけて売りに出したところ，好評を博してアメリカ国内に広まっていったとされている．

　話を戻すと，ムギを食べた人々が栄養を十分に得る手段としてブタの飼育を組み入れて編み出したのが三圃式農業であり，その伝統が今ある混合農業に生き続けている．肉だけでなく，今日，ブタの脂を使った料理が東ヨーロッパにいくつも見られる．代表的なのがハンガリーのグヤーシュやウクライナのボルシチで，いずれも現地では根強い人気を誇る．グヤーシュは，もともと牧童が食べていた煮込み料理が17世紀半ば以降，新大陸から持ち込まれたパプリカ Paprika で味付けされたものである．18世紀末にハンガリー貴族たちが当時の支配者であるオーストリアへの抵抗のための民族文化のシンボルとして，民族衣装ととも

テルテット・カーポスタ（2018年8月）
ハンガリー産パプリカで煮込んだロールキャベツ．

ハンガリーの市場のパプリカ
（2018年8月）

パプリカ料理（2004年9月）

ハンガリーのパプリカ畑（2001年9月）
ハンガリー南部の町カロチャ近郊は最高クラスのパプリカの産地である．

にグヤーシュが持ち出された．以来，ハンガリー人の間で人気の料理になっている．グヤーシュを食べるとハンガリー人としての自覚が湧く，とはおおかたのハンガリー人に共通の弁である．

じつは東ヨーロッパでは19世紀以降，各地で民族意識が高まるとともに，自分たち自身を実感するための料理が各地で強調された．グヤーシュにおいては，特に味の決め手となるパプリカへのこだわりが強烈だ．なかでもハンガリー南部のカロチャ地方産の品質がきわめて高く，ハンガリー人の誇りだという．パプリカと言えば最近は温室で栽培されるオランダ産のものが出回っているが，ハンガリー産に比べて味も香りもマイルド．ハンガリー人に言わせると，それはパプリカではないそうだ．

2.4 北西ヨーロッパで人気を得たバター

以上に見たように，北西ヨーロッパから東ヨーロッパにかけての広い地域では，ブタの脂であるラードが重要なエネルギー源として料理に使われてきた．ところがフランスをはじめ，北西ヨーロッパでは現在，料理にバターがよく使われている．ポタージュスープやジビエ料理などフランス料理の多くにバターは欠かせない．ブタを飼育する地域でありながらラードではなく，バターが使われている．なぜだろうか．

ウズラのソテー (2018年12月)

その理由は，近代に起こった農業の変化に求められる．中世に発達した三圃式農業は，近代になると解体されていく．休閑地を伴う農業では生産性が低すぎるからで，より多くの食料を得るためにマメ科植物（大豆やクローバーなど）やカブ（テンサイなど）が新たに導入されたことによって地力が比較的容易に回復できるようになり，休閑地は廃止されていったのである．この変化は18世紀にイングランド南部からフランドル地方（現在のベルギー）にかけての地域で最初に起こっている．コムギの次にカブ，さらにオオムギ，クローバーの栽培へとつなげる四圃輪栽式農法というもので，もはや休閑地はない．なかでもイングランド東部のノーフォーク州で普及したノーフォーク農法が有名で，この農法はイングランド南部から北フランス，オランダやドイツへとひろまっていく．結果，農業生産量は増え，その一方で交通の発達とともに余剰農産物を販売して利益を得る市場経済が拡大していった．

一方，パリをはじめ大都市では産業化が進むにつれて，次第に市民のなかで裕福な人々（以下，富裕市民層）が厚みを増し，豊かな暮らしを求める人々が増えていった．19世紀には彼らは，自身の豊かさをさまざまな行為によって実感しようとしていた．その代表的なものが余暇であった．詳しくは第4章で述べるが，経済的にも時間的にゆとりのある暮らしをする人々は，ステータスを実感できる行為として就労から解放される余暇を望んだ．その一つにグルメがあった．レストランでゆったりとした時間を過ごしながらご馳走を食べること．これが彼らの日常をより豊かなものにした．グルメではおいしいもの，珍しいものが求められた．世界各地から届けられる珍味や高級品が重要になるが，ミルクをはじめバターやチーズもその仲間にあった．

　こうしてフランスを中心に始まったグルメは，大量の牛乳の需要をもたらした．このことが，大都市の近隣の地域に酪農を発達させることにつながっていく．イングランド南部や，北フランスからオランダ，北ドイツ，デンマークにかけての北西ヨーロッパの北海沿岸部では砂質の土壌が広がって農耕に適していない．そこで，生産性が低く品質の劣る農産物を生産するよりも，やせた土地でも栽培できる牧草を用いて乳牛を飼育し，生産した牛乳を販売する酪農が大きく展開していった．彼らの食料は，牛乳を売って得た現金で購入できた．乳牛には採乳量の多いホルスタイン・フリーシアンHolstein Friesianが選ばれた．牛乳を加工したバターやチーズの消費量も飛躍的に増え，味のよいバターを使った料理が普及していった．また，オランダのゴーダチーズGoudaやイギリスのチェダー

ヒツジやヤギのチーズ（2010年9月）
ウィーンのマーケットでは，10 gを示すdagという古い単位が今も使われている．

オーストリア・チロル地方のチーズ農家（1984年6月）
牛乳に牛の胃液を加えて釜で加熱しながら固めてゆく伝統的な製法が見られる．

北ドイツ・ハノーファー北郊で盛んな酪農（1984年8月）
採乳量が多く平坦地に向いている乳牛、ホルスタイン・フリーシアンが飼育されている。

北イタリアの山岳地で行われている乳牛の放牧（2002年8月）
アルプスでは傾斜地に強いチローラー・グラウフィーなどが飼育されている。

チーズ Cheddar など比較的保存のきくチーズが大量に生産され，その知名度を高めることになった．こうしてグルメの発達とともに，北西ヨーロッパでは大都市を中心にしてバターが浸透していったのである．

　一方，19世紀半ば以降には，交通の発達に伴って都市から遠いアルプス山岳地でもミルクやチーズの生産が盛んになる．スイスやオーストリアでは伝統的に移牧が行われてきたが，それは自家消費のためであり，穀物を栽培しながら山の暮らしを支えてきた．それがミルクやチーズを市場に出すことが可能になると，これらの地域でも食料生産をやめて牧畜に特化するようになった．アルプス原産のブラウンスイス Brown Swiss やチローラー・グラウフィー Tiroler Grauvieh などが飼育され，ホルスタイン・フリーシアンに比べて濃厚な味わいのミルクを生産した．スイスではこれがミルクチョコレートの原料になった．アルプス山岳地の牧畜の拡大が，カカオを産地から直接入手できないスイスを世界トップのチョコレート生産国に仕立て上げたのである．その結果，アルプスの山の斜面から畑は姿を消し，代わって一面が緑の芝生のような牧草地になっていった．『アルプスの少女ハイジ』に描かれている風景は，まさにこの時代に現れたものである．

　さて，話をバターに戻そう．産業化が進んで市民の暮らし向きがよくなると，ぜいたくな暮らしが求められるようになる．そうすると，食も豊かさの象徴とみなされるようになり，いわゆるステータスシンボルとしての料理が現れてくる．バターをふんだんに使った料理は，味はもちろんのこと，豊かさを誇る人々の心を揺さぶった．

　そしてバターは，19世紀に市民の間に普及する肉食とも連動していく．特に

ハンガリーのブタの放牧（1995年9月）
体毛のあるマンガリッツァが放牧されている．

ハンガリーのガチョウの放牧（1995年9月）
フォアグラ生産のための大量のガチョウが放し飼いになっている．

　牛肉は多くの市民にとってあこがれであり，牛肉を食べることが豊かな暮らしを実感することにつながった．またブタ肉も美味なものが求められるようになった．ハンガリー特産のブタであるマンガリッツァ Mangalica は体毛が濃い独特の風貌で知られるが，味がよいことで評判を得て，19世紀後半にはハンガリーで大量に飼育され，西ヨーロッパに輸出された．またハンガリー特産の灰色牛マジャール・スルケ Magyar Szürke が西ヨーロッパのグルメたちをとりこにし，肉への関心はますます高まっていった．今日ではガチョウの肝臓であるフォアグラがフランスに輸出されている．いずれもバターをふんだんに溶かし込みながら調理され，市民の喉を唸らせた．こうしたご馳走にはパンやジャガイモなどの炭水化物が付け合わせとなり，バターやさまざまなソースを絡めて食べられるようになっていく．

　以上のようにヨーロッパの食は，ムギを共通にしながらそれを補うように油脂と肉が加わってきた．言い方を変えるとヨーロッパの食はさまざまな料理が組み合わさったものである．これは主食であるコメと副食であるおかずで食卓を構成する和食とは大きく異なるところである．何し

ブダペストの屠畜場跡（2008年8月）
畜産が発展してきたハンガリーでは屠畜場の規模も大きく，今も堂々たる正門跡が残されている．

ろ，われわれ日本人の多くはコメを主食とし，おかずを得ることによって十分な栄養を得てきたわけで，油脂を必ずしも必要としてこなかったし，震災のような食の選択が限られた時でも，おにぎりの炊き出しで満たされるのは，まさにコメ中心の食が成り立っているからだろう．このコメをおいしく食べるためにおかずを用意するという主食・副食の関係は，ヨーロッパの食には当てはまらない．

　ちなみにコメを主食にしている和食では，佃煮や梅干しなど塩気があれば十分にご飯が進み，おにぎりのようにそれだけで食が成り立ってしまう．そのため日本人はどうしても塩分の取りすぎになる．世界保健機関 WHO が推奨する食塩摂取目標が1日当たり5g未満なのに対して，厚生労働省では18歳男性8g未満，女性7g未満としているのも，コメを主食とする事情によっている．

　つい話が逸れてしまった．ここではヨーロッパの食が基本的に自然によって規定されることを説明し，産業化など社会の変化も食に影響していることに触れた．そうした食と社会との関係について，これから第3章以降で個々の食にまつわる話題を見ていくことにしよう．

第3章

農村の変化を
ジャガイモで読み解く

3.1 不均等な農村

　ヨーロッパでは今でこそ世界有数の名だたる都市があり，圧倒的に多くの人々が都市に暮らしているが，言うまでもなくもともとそのほとんどは農村だった．農村は食料を生産する場所であり，農産物の量によって人口は左右された．しかも，より多くの人口を確保するためには，おのずと広い農地が必要になる．これは政治権力を大きくするうえで欠かせないポイントである．古代ローマ帝国をはじめ，古くからヨーロッパ各地の支配者が広大な領土を獲得することに執着してきたのは当然のことだった．

　近代になり産業化に伴って都市が発達し，市場経済が拡大すると，農村は都市に向けた食料供給地としての性格を強めることになった．各地にさまざまな生産地が形成され，商品化して収益を上げるための農業が強く志向されてきた．品種改良を繰り返しながら，他の生産地に負けない質の高い農産物がつくられるようになった．現在はヨーロッパの広い地域がEU域内になり，厳しい生産管理がなされている．そのおかげで，ムギなどの穀物をはじめ，ブドウや花き，野菜，牛肉や豚肉などの農産物から，バター，チーズ，ワインなどの農産加工品に至るまで，その品質は世界に誇る水準に達するまでになっている．

　その一方で，一口に農村といっても場所によって事情が大きく異なる点を見逃してはならない．たとえば農産物を生産するための条件一つ取り上げても，地域によってかなり異なっている．それは第2章で述べた気候条件だけでなく，平野や山地といった地形，土壌の肥沃度，農産物の消費地である都市への近接性，さらには農民の間で蓄積された農業に関する知識や技術などに及ぶ．その結果として，農業の生産性や収益性は農村ごとに大きな違いとなって現れている．

　また近年，農村活性化の大きな推進力になっているものにツーリズムがある．1970年代以降，有名観光地では得られないような静かな休暇を求める人々，あるいは自然志向の人々が増えたことから，農村は再評価され，観光客の目的地に

なっている．いわゆるルーラルツーリズムである．しかし，すべての農村が観光客の目に魅力的に映っているわけではない．アルプスや地中海沿岸，あるいはイングランドの農村などハイキングやスキー，海水浴などのレジャーに適した農村には多くの人々が繰り出しているが，その一方で，経済活動が伸び悩み，若者の流出に歯止めがかからない農村も少なくない．

海水浴客でにぎわう地中海の海岸
（1992年9月）
イタリア・トリエステ近郊の海岸には青い海を求めて若者が繰り出している．

こうした違いは，もちろんヨーロッパに限らない．日本国内でも特産品の産地は全国にあるし，岩手県の遠野や長野県の安曇野，瀬戸内海のしまなみ海道など観光地として知られ，活性化している農村はあちこちにある．その一方で人口流出による過疎や高齢化に悩む農村も多く，同じ農村でも事情はかなり違う．しかし，ヨーロッパ全体を見渡せば，日本国内とは比較にならないほど地域の経済水準には大きな格差がある．近年のルーラルツーリズムによって経済的に潤っている地域と，対照的に経済が停滞した地域があり，農村間にはかなりの差を確認することができる．

アルプス山中にある長期滞在向けホテル
（2007年9月）
北イタリアの山地ドロミテにはドイツやオーストリアなどから多くの観光客が訪れる．

条件が有利か不利かで動向が大きく異なるヨーロッパの農村．たとえばジャガイモに目を向けてみると，厳しい条件下にある農村の特徴が見えてくる．18世紀にジャガイモで暮らす貧困な農民によって輸出用農産物の生産量が増加し，国の経済が発展したプロイセン．19世紀にジャガイモに依存したことによって飢饉が起こり，多くの犠牲者を出したアイルランド．いずれもヨーロッパにおける疲弊した農村社会が，こうしたドラマを生み出したのである．

3.2　ジャガイモで強くなったプロイセン

ジャガイモ *Solanum tuberosum* の原産地は南アメリカのアンデス山脈にある．16世紀にヨーロッパに持ち込まれて栽培されたものの，当初は薬草として，あるいはその白い小さな花が観賞用とされ，ヨーロッパの大学や君主の庭園や薬草園などで栽培されていた．これが食料として脚光を浴びるようになるのは，18世紀のプロイセン（のちのドイツ）において，フリードリヒ大王 Friedrich der

- 原産地：アンデス山脈
- 16世紀末にはヨーロッパの大学や君主の庭園・薬草園などで栽培された：薬草（精力増強），観賞用

ジャガイモの世界伝播[7]

Großeがジャガイモ令Kartoffelbefehl（最初は1746年）を出したのが始まりである．多くの農民や兵士の食料確保のために，ジャガイモの増産が国家の政策で進められたのである．

　ジャガイモはやせた土地でも育つことから，土地条件のよくない地域に積極的に導入された．当時のプロイセンの領土は，現在のドイツ東部からポーランドを経てロシアのカリーニングラードにかけての東ヨーロッパ平原にあった．この一帯の地形は，かつて氷河期に氷河によって削られた砂礫が堆積してできあがった小高い丘のモレーンや，氷河から溶け出した水が流れた跡である幅の広い原流谷などからなり，非常にゆるやかな起伏を特徴とする．ただ，氷河によって削られた土壌は地力が乏しく，そのために全般的に穀物の栽培にはあまり適していない土地柄である．

　そうした状況において，ジャガイモがこのような土壌でも栽培が可能なことから，プロイセン政府は国民の食料としてこの作物の導入を積極的に推進していく．特に農民と兵士にはジャガイモが強くあてがわれた．その結果，十分な食料を確保したプロイセンは，大王の治世に大きく発展する．1740年と1786年を比べると，国土は

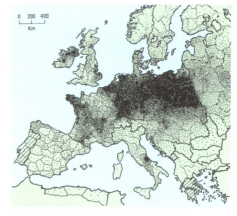

ヨーロッパのジャガイモ栽培地域（1913年頃）[9]
現在のドイツからポーランドにかけての地域に栽培が集中している．

11.9万km^{2}から19.5万km^{2}に拡大し，それとともに人口も約240万人から約540万人へと飛躍的に増加した．

　ジャガイモの影響は大きかった．人の食料だけでなく，ブタの餌にもなったことから飼育頭数も格段に増え，肉は輸出するまでになった．しかし，農民の生活は苦しかった．プロイセンでは当時，大土地所有制がはびこり，封建的な体制が維持されていた．グーツと呼ばれる大農場がひろがり，ユンカーの名で知られる大地主が特権階級さながら農村地域に君臨していた．農場には大勢の小作人が労働力として抱え込まれていた．小作人の手でコムギやライムギなどが栽培され，それらはベルリンなどの大都市に搬出されたほか，オランダやフランス，イギリスなどに大量に輸出された．これら商品作物の栽培が国の経済の成長をもたらし，ユンカーたちの懐を潤していた．

　これに対して小作人の収入は限られ，貧困な暮らしを強いられていた．限られた量のジャガイモで命をつないだものの，ジャガイモばかりの単調な食生活を続けなければならなかった．貧困はやがて人口の流出を促していく．19世紀に入ると，近代化の進展とともに都市に工場や商業が発達し，貧しい農民たちは職を求めて移動するようになる．彼らは都市の産業発達の担い手となり，多くの労働者を受け入れることによってベルリンやハンブルクなどの大都市が生まれてゆく．

　もっとも，彼らの多くは都市に住んでも貧困なままだった．彼らは労働者向けの賃貸住宅に住み込んだが，それはできるだけ多くの家賃収入を得るために建て増しが繰り返され，建て込んで風通しも日当たりも悪い住宅だった．彼らは小さな暗い部屋でジャガイモばかりを食べる毎日を過ごした．会社経営者や工場主，アパート経営者などの富裕市民層が優雅な生活を送っていたのとは対照的に，狭いアパートに暮らす貧困な労働者層が都市社会の一角をつくっていった．

　都市の貧しい暮らしを嫌って新大陸に新天地を求める人々も大勢いた．皇帝も国王も貴族もいないアメリカ合衆国は，彼らにとって自由を享受できる夢の国だった．多くの人々がハンブルクから船に乗ってニューヨークを目指した．ドイツ移民の経緯を見ると，19世紀前半から増加の一途をたどり，1854年には約22万人，1882年には約25万人が大西洋を渡っている．

ベルリンの労働者住宅（1992年8月）
19世紀後半に建設されて以来，建て増しによって著しく劣悪な住宅環境にある．

3.2　ジャガイモで強くなったプロイセン　　39

もっとも，彼らの多くは新大陸に到着してすぐに理想の生活を手にしたわけではなかった．入植した土地は荒野であり，自ら開墾せねばならなかった．それでも新天地を求めて海を渡った人々の多くは，豊かな暮らしを手に入れたと手紙に書かずにいられなかった．そして，その理想のような暮らしぶりを読んだ人々が新大陸を目指すようになるのに，時間はかからなかった．こうして多くの人々が故郷を捨てたのである．

　話をジャガイモに戻そう．これほどまでに農民は苦しい暮らしを強いられたものの，それでも彼らはジャガイモを食べていただけ安全だった．ジャガイモは調理が簡単で栄養価が高く，味も悪くないので，まともな食料が手に入らない人々にとって重宝だったからである．プロイセンと同様に，北ドイツからオランダ，デンマーク，北フランス，イギリスにかけての広い地域でも，18世紀後半以降，砂質土壌で地力が乏しいところではジャガイモの栽培が広がっていった．

　ジャガイモは多くの人々の命を支えた．誰もがジャガイモさえ食べていれば生きていけると実感していた．しかし，それがゆえにジャガイモに過度に依存した社会が生まれ，やがて大きな悲劇をもたらすことになる．有名なアイルランド飢饉である．

3.3　ジャガイモ飢饉が示す不平等

　アイルランドでは，ジャガイモは18世紀後半以降に導入され，栽培が盛んになった．当時，イギリス領内にあったアイルランドでは，カトリック教徒が多くを占めるアイルランド人がプロテスタントのイギリス人の支配下に置かれ，豊かな農地が奪われ，農業ができないような耕作不適地に追われていた．アイルランド人の所有地は，17世紀初頭にはアイルランド島全体の59%を占めていたのが，18世紀初頭には14%にまで減少している．しかも彼らは小作人として農地の2/3にコムギを栽培し，それをイギリス人地主に納付し，残りの1/3にジャガイモを栽培して自らの食料としていた．ジャガイモは土地条件の悪い農地で栽培できたうえに，アイルランド各地で得られる泥炭（ピート）を燃料にして簡単に調理できることも，ジャガイモ普及にとって追い風だった．ジャガイモの威力はすばらしく，アイルランドの人口は約150万人（1760年）から約800万人（1841年）へと急増した．

　アイルランド人がどれだけ貧しい土地での暮らしを強いられてきたのか．その象徴的な場所といえば，今やアイルランド観光の重要スポットになっているアラン諸島だろう．アイルランド島西部の大西洋に面するコノート地方は土地条件が

アイルランド・アラン諸島の農村（2003年7月，塩崎左加未撮影）
掘り起こした石を積み，狭い畑で暮らしてきた人々の歴史が見える．

特に悪く，イギリス支配から逃れるアイルランド人が17世紀以来，入植し，その沖合にあるアラン島にまで達した．そこは大西洋に浮かぶ岩だらけの島．土はやせ，石灰質の岩盤が作物の栽培を阻んでいる．大西洋からの西風が吹きつける厳しい環境である．彼らは石灰質の岩盤を掘り起こし，石を畑のまわりに積み上げて風よけにした．石を砕いてつくった土にジャガイモを植えつけて食料を確保した．それが現在，農地に石垣が張り巡らされる独特の景観となって知られ，多くの観光客が訪れている．しかし，この景観には，土地を追われたアイルランド人の苦悩だけでなく，のちに彼らが直面する飢饉の歴史も込められている．

アイルランド農民が飢饉に襲われたのは1845年に始まるジャガイモの凶作が原因である．ジャガイモの疫病フィトフトラが大流行して1845年のジャガイモの収穫量が激減すると，翌1846年の作付面積は前年の1/3にまで縮小する事態となった．凶作によって食料不足が深刻だったために，翌年に作付けするための種イモまで食べてしまったためである．さらに1847年には種イモ不足のため，通常の1/5の収穫しかなかった．そして1848年にはさらに途方もない凶作に見舞われる．作付けしたジャガイモのほとんどが実らなかったのである．

その結果，食料は完全に底をつき，あちこちで餓死する人々が続出した．やがて，これ以上住めないとあきらめてアメリカ合衆国に渡る人々が港に殺到した．アイルランドの人口は大きく減少し，817万5124人（1841年）から655万2385人（1851年）となった．それ以前の人口増加率が続いたならば，1851年には約900万人になっていたと試算できることから，この飢饉では約250万人が失われ

3.3 ジャガイモ飢饉が示す不平等

たことになる。その内訳は，約150万人の病死者，約100万人の移民であった。

なぜこれほどの犠牲者が出たのか。本当に食料はなくなってしまったのか。じつは，この飢饉が続いていたアイルランドには大量の食料があったのである。それは，彼らが生産しイギリス人地主に納付した大量のコムギである。イギリス支配のアイルランドの市場にはコムギが流通していた。しかし，アイルランド農民の多くはきわめて貧困な暮らしをしていたために，食料を買うことができなかったのである。

しかも驚くべきは，領主はもちろんイギリス政府など当時のイギリス社会が飢えるアイルランド人に救いの手を差し伸べなかったことである。イギリス人は飢饉に見舞われたアイルランド人たちにほとんど食料を提供しなかった。彼らは飢える人々を見殺しにして，自身の豊かな暮らしを続けていたのである。

ここでまとめておこう。アイルランド飢饉の本質は何か。アイルランドは決して土地がやせているわけではない。アイルランドの人々はここでコムギやライムギを栽培して生活を営んできた。彼らが貧しい農地でジャガイモにすがる生活に追われた背景には，イギリスによるアイルランド支配があった。彼らは，豊かな土地を奪われ，厳しい環境のなかでジャガイモに依存する生活をせざるをえなくなった。そうした社会の格差があるまま，彼らはジャガイモの凶作によって一気に悲劇へと突き進んだ。食料を失っただけでなく，搾取する側のイギリス人からは見て見ぬふりをされた。農村における格差社会が最も厳しいかたちで現れた例といえよう。

凶作によって食料が得られず，その結果として人が飢えるという飢饉の構図は，誰もがわかったつもりでいる。しかし，実際には食料があるものの，それが

ジャガイモの食卓を囲む家族
リーバーマン「食前の祈り」(1884年)の一部。

首都ダブリンにある飢饉追悼碑
飢饉の記憶を共有するために1997年にダブリン市によって建てられた。

配分されてこないというのが飢饉の本質である．今，アフリカで起こっている飢餓も同じである．凶作は自然災害といえても，飢餓は明らかに人災なのである．

なお，アイルランド飢饉におけるイギリス政府の責任について，1997年の追悼集会において当時のブレア首相が謝罪文を読み上げている．また，アメリカ合衆国では近年，自分のルーツへの関心が高まっており，先祖の出身地を訪れる人が増えている．いわゆるルーツツーリズムとも呼ばれるもので，アイルランド移民の子孫がその過酷な歴史に触れるためにアイルランドを訪れ，歴史の継承を続けている．

ちなみに，イギリス人のアイルランド人に対する態度は，長らく厳しいものだった．イギリスの支配層であるイングランド人は，プロテスタントのアングロサクソン人を名乗っており，ケルト人の血が混じるとされるカトリック教徒のアイルランド人は二級国民の扱いだった．それが，アイルランドにおけるイギリス人の支配を正当化した．イギリス人の支配から逃れて独立することはアイルランド人の悲願だった．アイルランドが自由国として国家を宣言するのが1924年，イギリスから完全独立して主権国家となるのは1949年のことになる．

ついでながら，移住先のアメリカ合衆国でもイギリス系移民はアイルランド系移民に対して冷酷だった．同じアメリカ国民でありながら，彼らはアイルランド系を差別してきた．その不条理を見事に描き出したものに，映画『ギャング・オブ・ニューヨーク』（2002年）がある．1846年に飢饉でニューヨークに渡ったアイルランド系の若者が，イギリス系から暴力を受けたことを恨み続け，反撃の機会を待って，ついに仕返しに出る．決闘がなされるのは1863年7月13日．ちょうどアイルランド移民による反差別運動である「ニューヨーク徴兵暴動」が起こっていた，というストーリーである．これを観ると，両者の対決が単なる当事者だけの問題にとどまらず，移民の出身地における対立構造を反映したものであり，それがアメリカ社会に持ち込まれている事実に驚かされる．

ジャガイモはヨーロッパの多くの人々の暮らしを支え，近代化のための労働力を生み出した．その結果，明らかにヨーロッパは豊かになった．しかし，多くの人々を奈落の底に突き落とし，絶望をもたらした食料であったことも事実である．アイルランドの飢饉を振り返るにつけ，そこにはヨーロッパのあまりに厳しい社会階層間の壁があったことをあらためて思い知らされる．

ところで，ジャガイモは今では貧しい人々のための食ではないし，そうしたイメージもない．それどころか，ごく日常的に食べられ，レストランでも出されている．北ドイツではゆでたり焼いたりしたジャガイモ，南ドイツではクネーデル

3.3 ジャガイモ飢饉が示す不平等　　43

中部ドイツのジャガイモコロッケ
(2008年9月)

バイエルンのジャガイモ料理
クネーデル (2013年10月)
ドイツの伝統料理ザウアーブラーテン
とクネーデルは絶妙なハーモニー.

　Knödelと呼ばれる団子にしたジャガイモが肉料理に添えられている．マリネした肉を蒸し煮したザウアーブラーテンSauerbratenはドイツの国民食といわれるが，これにジャガイモの付け合わせは欠かせない．あるいは，ニシンやタラ，イカなどの魚介料理にはゆでたジャガイモを添えるのが定番である．

　貧しい人々のための食からご馳走への変化．ここには外食が果たした役割が大きい．19世紀半ば以降，レストランで富裕層が求めて食べるようになって以来，ジャガイモはドイツの典型的な料理の一部になっている．こうした食の変化の経緯については，第8章のトウモロコシの話題のところで解説する．

ハンガリーの食堂のジャガイモ
(2018年8月)
代表的料理パプリカーシュチルケ・ノケドリヴェル（鶏肉のパプリカ煮込み）に添えられている．

ポーランドの肉料理に添えられたジャーマンポテト (2008年4月)

3.4 格差が進むヨーロッパの農村

　不利な条件を抱えて暮らす人々には不公平感がつきまとう．これはアイルランドに限らない．そこで農村は食料生産の場としてきわめて重要であるという観点から，各国政府はもちろん，現在ではEUも条件の不利な地域に対して底上げのための補助金をあてがっている．なかでもEUの共通農業政策は，生産保護や農産物の品質の維持を進めて，質のよい十分な食料を確保する政策をとっている．農業に意欲的で質の高い農産物を生産し，環境に負荷を与えないような農業を行う農家や地域に対して補助金が提供されている．また，生活環境の保護や景観の整備も積極的に支援している．

　さらにEUは，域内で消費者が安心して口にできる食料を自由に流通させるために，農産物の品質を一定水準に保つための基準を設けている．たとえば農薬や肥料の使用量の制限や，家畜の場合は一定期間の放牧を義務づけている．ワインの場合，醸造の過程で発酵を促進させるために糖を添加することが多いが，EUは生産地の条件に応じてその量を厳しく規定している．

　しかし，それでもこうした基準をクリアするのは農地の条件によってはかなり厳しく，それが新たな不平等を呼んでいる．特に東ヨーロッパでは，基準をクリアして成長する地域とできない地域の差が大きくなっている．

　東ヨーロッパの農業は，かつて社会主義体制において国の統制下にあり，生産量の目標値だけが設定されていた．そのため，農家は農産物の質の向上には関心が薄く，生産ノルマをこなすために大量の化学肥料と農薬を投入した．その結果，土壌は汚染され，多くの化学物質を含む農作物が出まわっていた．

　それが自由経済に移行し，さらに2004年以降，EUに加盟したことによって，販売の機会が大きく広がった．しかしその半面，農家は厳しい規制にさらされることになった．その結果，市場の拡大を最大限に利用して拡大をはかる農業地域が出現した一方で，規制に対応できず農業をあきらめざるをえなくなった農家も各地に現れてきた．

　発展している農村の例としてハンガリー南部の農業地域があげられる．もともと肥沃で日照量の多いこの地域では，コムギなどの上質な穀物生産が盛んなほか，優れたワインの産地としても名をあげている．なかでもハンガリー最南端に近いヴィラーニ村は，知る人ぞ知るヨーロッパ最高水準の赤ワインの産地に成長している．カベルネフラン Cabernet Franc をはじめ，ハンガリー特有のケークフランコシュ Kékfrankos などの品種が中心で，その芳醇な味わいは多くのワイン

ブドウ畑が広がるハンガリー南部ヴィラーニ村（1999年9月）
東のボルドーとも呼ばれる銘醸ワインの産地．

ヴィラーニ村に並ぶワイン蔵（1999年9月）
グラスを手にして蔵巡りが楽しめる．

通をひきつけてやまない．ゲレGereやティッファンTiffanといったヨーロッパでも屈指の蔵があり，シーズンともなれば多くの観光客も訪れている．EUではワインを販売する際に，ボトルに生産年や畑の名称，品種などを明記することが義務づけられている．ハンガリーがEUに入ったことによって，ワイン醸造家はこれらの基準を満たす質の高いワイン生産に力を入れた．EUはそうした優良農家に補助金を提供しており，優れた農機具や醸造設備を整えて，より上質のワイン生産に取り組んでいる農家が増えている．

　一方，これとは対照的に条件の不利な地域の実態は深刻である．たとえばルーマニア西部のトランシルヴァニア地方の丘陵地では，地力がやせていて日照量が少ないなどの不利な条件とともに，農業に関する最新の情報が少なく，新しい農業の展開が遅い．ここでは社会主義時代から自家製のジャムやワイン，ハチミツなどが庭先で販売されてきたが，ルーマニアがEUに加盟した2007年以降，基準に合わない製品の販売が禁止され，従来のものが売れなくなった．全般に経済

ハンガリーのワイン農家（2001年2月）
民宿も営んでおり，地下に貯蔵されているワイン目当ての客も多い．

トランシルヴァニアの農村（2000年8月）
過疎化が進んでおり，老朽化した古い農家が多く見られる．

水準が低く，農民の間に新しい農業技術に関する知識が浸透していない．そのため，農業をやめて首都ブカレストに転出したり，西ヨーロッパの都市に出稼ぎに出たりする人々が増えており，人口の流出による経済の停滞に直面している．

東ヨーロッパには，さらに深刻な経済停滞地域がある．ロマが暮らす農村である．ロマはヨーロッパに約1000万人いるといわれるが，その数は定かではない．きちんとした統計がないのは，差別があるために国勢調査で自身を明かさないからである．

ロマというと貧困で社会の底辺をなす人々というイメージがあるが，もちろんそれがすべてのロマにあてはまるわけではない．ただ，東ヨーロッパの農村には，とりわけ厳しい状況に置かれているロマの人々がいることは確かである．その大きな理由は，かつての社会主義体制にある．1950年代，東ヨーロッパ諸国では一斉にロマ放浪禁止令が出された．当時の東ヨーロッパには，幌馬車で移動して行商するロマがいた．しかし，理想の社会を目指す社会主義政権にとって移動生活は望ましいものではなく，彼らを強制的に定住させる政策がとられた．これによってロマの人々は住宅があてがわれたが，彼らを待ち受けていたのはロマが近隣に来ることを望まない地元住民たちだった．彼らには排除の目が向けられ，嫌がらせや暴力が日常茶飯事になった．

1960年代になると，そうした環境に耐えきれずに逃避するロマが増えてくる．その行く手の多くが，産業の発達が遅れた経済停滞地域だった．そこはあらゆる変化に乏しく，経済水準が低く，ロマ排除の動きも鈍かった．特に目立ったのが，人が去って空き家が多く目立つ町や村への移動であり，その最たる場所が廃村だった．

社会主義時代，東ヨーロッパには多くの廃村があった．これはこの地域特有の事情による．第一次世界大戦後，それまで東ヨーロッパに君臨していたドイツ帝国やオーストリア・ハンガリー帝国，ロシア帝国，オスマン帝国が相次いで崩壊し，いくつもの国家の成立とともに新たな国境線があちこちに引かれた．それに伴って多くの住民がそれまでとは別の国に組み込まれることになった．たとえばルーマニア西部のトランシルヴァニア地

ハンガリーのロマの住宅（1995年9月）
ハンガリー人の村のはずれにある小さな住宅があてがわれている．

3.4 格差が進むヨーロッパの農村　47

チェコのチェスキー・クルムロフ郊外の共同墓地
(2013年9月)
追放されたドイツ人の墓地が破壊され，更地になったあと，新たにチェコ人の墓石が並び始めている．

方では，ハンガリー領からルーマニア領に変わったために，約40万人ものハンガリー系住民がルーマニア社会から逃れてハンガリーに移動した．また第二次世界大戦時には，ドイツ以東の東ヨーロッパから200万人を超えるユダヤ人がドイツの強制収容所に移送された．さらに大戦後は，東ヨーロッパ全体で1000万人以上のドイツ系住民が強制的に国外に追放された．

こうして東ヨーロッパでは，20世紀前半に住民が大挙して移動する事態が頻発した．そのほとんどは望まない移動であり，あるいは長く住み慣れた家を強制的に追われることになった．多くの家屋は住民が持ち出せなかった家財道具が残されたまま，社会主義体制のもとで国民に再配分された．しかしその後，国によって新しい住宅がつくられると，住民の多くが転出するようになり，古くからの村は次第に一般の人々が寄りつかなくなった．特にトランシルヴァニア地方をはじめ，ルーマニア西南部のバナート地方，ハンガリー南部，かつてズデーテン地方と呼ばれたチェコ北部などの国境地域では，廃村，もしくはそれに近い状況の村があちこちにあったようだ．ここは差別に苦しむロマの人々にとって格好の逃げ込み場所になった．こうして廃村にロマが住む構図が生まれた．

廃村におけるロマの暮らしがいかに劣悪な状況だったかは，容易に想像がつく．電気や水道の施設は老朽化の一途をたどり，学校や医療施設などの生活基盤も整っていない環境でロマは生活し続けてきた．彼らがそこに暮らしていること

村役場のある建物はかなり老朽化している．

かつてのドイツ人が暮らしていた農家を住まいにしている．

ハンガリーのロマの集落 (1995年9月)

すらあまり知られず，地図にない村の人々，などと揶揄されたりした．1989年に始まる政治改革によってようやく国や自治体による支援活動が行われるようになり，彼らが住む地域の整備も事業計画に盛り込まれた．しかし，彼らに対する差別はあり続けており，生活環境の改善はなかなか進まず，劣悪な環境での暮らしが続いている．

　こうしてみると，そもそも地域間の格差を是正するために進めているEUの農業政策が，実際には格差を拡大させてしまっていることに気づく．EU全体の発展を目指すことによって，これに見合わない地域が現れているのである．アイルランドの飢饉にイギリスが何ら手立てを講じることもなく，多くの犠牲者を出してしまった歴史を教訓にして，経済停滞地域にいかに手を差し伸べていくかが今後のEUの課題であることは間違いない．

第4章

都市の景観を砂糖で読み解く

4.1 美しいヨーロッパの大都市

　都市を訪れると，ヨーロッパにいることが実感できる．ひときわ高くそびえる教会の塔，豪壮な城郭や瀟洒なつくりの宮殿，手の込んだ装飾を誇る劇場やホテルなど，どれも都市の景観を強く刻印づけている．特に都市の中央に位置する最も古い地区である旧市街地には，数多くの歴史ある建築物が建ち並び，長い都市の長い歴史をほうふつとさせる．パリの旧市街地では，ルーブル宮殿をはじめ，オペラ座や老舗ホテル，シャンゼリゼ通りなどの美しい町並みが人々の視線を奪う．ロンドンのピカデリー広場，ベルリンのウンター・デン・リンデン，ウィーンのリンク環状通りなど，どこも豪華絢爛たる建物が見る者を圧倒する．
　よくヨーロッパの都市はなぜ美しいのか，という問いが聞かれる．これにはさ

凱旋門から見たパリの旧市街地（2012年8月）
正面を一直線にシャンゼリゼ通りが伸びる．

まざまな見解があるが，由緒ある歴史的な建物を文化財として保護し，整備を続けるという，行政を中心にしたまちづくりの成果なのは言うまでもない．たとえば1962年にフランスで策定されたマルロー法は，旧市街地に保全地区を設定し，歴史的建築物を保護することを目指した最初の法令であり，これによってパリは歴史ある町並みを維持してきた．同様の規制がヨーロッパ各都市でも設けられる

パリのオペラ座（2012年8月）

ようになり，歴史ある町並みは守られ，美しい景観が保たれている．たいていのヨーロッパの旧市街地に高層ビルが建っていないのはそのためである．

ヨーロッパの都市の歴史を振り返ると，近代以前まではいずれも市壁に囲まれ，市街地の中央に教会がそびえ，その近くにある市場広場には市庁舎や商館が建ち並んだ．市壁にはいくつもの門があり，他の都市と結ぶ道路が市街地を貫いていた．やがて通商によって財を蓄えた商人たちが政治権力をもつようになり，封建領主の手から自治権を獲得して都市の自立性を高めていった．その間，教会や市庁舎，商館など富を示すような見ごたえある建築物が建てられた．

それが18世紀後半に始まる都市の産業化によって大きく変わる．都市は労働者の流入により人口の増加を経験し，市街地は大きく広がった．市壁は撤去されて環状道路となり，財の蓄積とともに豪奢な建物がつぎつぎに建てられた．また交通や通信の発達によって都市の景観が外国に知られるようになると，繁栄の証として見栄えのする建物がつくられていった．さらに19世紀のナショナリズムの時代，市民意識や民族意識，国民意識を高めるために自慢の建物をつくることにも余念がなかった．

ライン川に臨むデュッセルドルフ（2011年9月）

今日，われわれが目にする美しい都市の景観の多くは，こうして20世紀初頭までに建設されたものである．これら歴史的建築物が保存され，観光資源として評価され，大勢の観光客を魅了している．これらの景観に接することによって，ヨーロッパの歴史が実感できるからである．

ただし，ヨーロッパのすべての都

4.1 美しいヨーロッパの大都市

新旧の都市景観が特徴の旧市街地（2008年3月）

河港には大型の船が停泊できる規模のふ頭が見える（2006年9月）

ドイツの金融都市フランクフルト
正式な名称 Frankfurt am Main は「マイン川河畔のフランクフルト」の意味．マイン川沿いに市街地が発達している．

市が大都市へと発展の経緯をたどったわけではなかった．これら大都市はいずれも平野に立地し，大型の船舶が航行できる河川に面し，港湾施設が整備されていた．テムズ川河畔のロンドン，セーヌ川河畔のパリはもちろん，ライン川河畔にはロッテルダムやデュッセルドルフ，ケルンやストラスブール，バーゼルなどの産業都市，その支流のマイン川にはフランクフルト，エルベ川河畔にはハンブルクやドレスデン，その上流のブルタヴァ川河畔にはプラハが発達した．またドナウ川沿いにはブダペストやウィーンが立地した．いずれも水運によって原料や燃料，そして製品が運べることから産業化が進み，大都市へと発展していったのである．

　これに対して，山岳地や丘陵地に立地して大きな川に面していない都市の多くは，船による貨物運搬ができず，また高速の鉄道も通らなかったことから，19世紀以降，経済は停滞していった．労働者の流入も少なく，都市は膨張することなく，市壁の撤去の必要もなかったために，古い町並みはそのまま残された．それが20世紀後半以降，観光地として脚光を浴びると大きく変わった．先駆けとなったのはドイツ・ロマンチック街道である．南ドイツのこの街道一帯は，ミュンヘンやシュツットガルトなど大都市から

エルベ川に臨むドレスデン（2005年6月）

遠く位置する経済停滞地域であった．そこで1950年に地域振興のために地元の有志たちが観光ルートを設定したところ，ちょうどモータリゼーションが進みつつあった時期と重なり，ローテンブルクやネルトリンゲンなどの歴史的な市街地に魅力を感じる観光客が自家用車やバスを利用して訪れるようになった．同様の都市は，山上集落が多いイタリアでもよく知られ，アッシジやシエナなど枚挙にいとまがない．ヨーロッパの都市は，大河川に面しているかどうかで別の道をたどったのである．

さて，大都市の話に戻ろう．美しい大都市の景観は19世紀の繁栄の歴史を今に物語っている．では，その繁栄とはどのような歴史なのか．そして，その繁栄と現代の都市の美しさはどのようにつながっているのか．ここでは砂糖の消費に着目しながら，その関係を考えてみよう．

タウバー川の谷を見下ろすローテンブルク
(1984年4月)
正式な名称 Rothenburg ob der Tauber は「タウバー川を見下ろす丘の上にあるローテンブルク」の意味．

ロマンチック街道の町ローテンブルク
(1984年4月)
河川交通の恩恵を得ず，伝統的な市街地が残っている．

4.2 富裕市民層がつくった市街地

ヨーロッパの都市では18世紀後半以降，産業化が進むにつれて製造業をはじめとする企業の設立が相次ぎ，工場や商店の数が急増した．その結果，これらを経営・管理する人々の数も次第に増加していった．また，職を求める労働者が地方から都市に流れ込み，住宅需要が高まったことから，労働者向けの賃貸住宅が大規模に造成され，多くの労働者を収容して賃貸料を得る地主たちが跋扈（ばっこ）するようになった．こうして都市には財をもつ富裕市民層が厚みを増し，圧倒的多数を占める労働者層との暮らしの違いはますます顕著になっていった．

富裕市民層の人々は，豊かな暮らしを実感しようと，それに見合った生活スタ

イルを求めるようになった．彼らは労働者層と違って労働にしばられることが少ないことから，ゆとりある過ごし方として，次第に余暇を楽しむようになった．いわゆるレジャーの誕生である．それは，旅行や散歩，スポーツ，観劇，ギャンブル，読書など多岐に及んだ．そして，そのために公園や動物園，植物園，プロムナードや劇場，カジノ，レストラン，カフェ，図書館などが建設され，整備されていった．どれもゆとりある時間を満喫できる場所だった．

　19世紀に発達したレジャーの実態をいくつか見てみよう．公園は大都市に欠かせない場所として19世紀に整備された．当時の大都市は，人口が急増する一方で生活インフラの整備が間に合わず，あとで述べるように上下水道の整備が急がれたほか，快適な環境が強く求められていた．住宅が密集して人口密度が高かったことから，市民が健康的に過ごせるように，公共の緑地豊かなオープンスペースとしての公園が造成された．その際，自然を重視したイギリス式庭園もしくは幾何学的なデザインを施したフランス式庭園がつくられ，美しく心が和む場所が都市に出現した．また，噴水やプロムナードが設けられ，瀟洒なあずま屋やレストランが設置された．しかし当時，公園を利用した市民は限られていた．ゆとりある暮らしができる人々が，ここで散歩や読書に時間を費やしていた．

ベルリン動物園の正門（1997年12月）
1844年開園のドイツ最古の動物園にはエキゾチックな景観があしらわれている．

シェーンブルン植物園の巨大温室
（2011年12月）

　動物園や植物園も，富裕市民層にとって魅力に満ちていた．どちらも見知らぬ動物や植物を目の当たりにすることができるエキゾチックで刺激的な場所であった．特にライオンやゾウなど熱帯の動植物は人気が高かった．公園とともに動物園も植物園も当時は大人のレジャーの場であり，子どもや女性が単独で出かけることはきわめてまれな場所であった．劇場もしかり．演劇やコンサートはゆとりある暮らしを実感できるものだった．そこでは優れた演奏を鑑賞するだけでなく，幕間の休憩時間にホールでシャンパングラスを片手に友人と語り合うことも

ウィーン国民公園（2008年4月）
ブルク劇場を背景にしてエリーザベト妃の像が公園に華やかさを添えている．

ウィーンの劇場で幕間をロビーで憩う観客（2018年1月）
老舗のヨーゼフシュタット劇場では，シャンデリアの下での歓談が楽しみの一つである．

楽しみの一つだった．美しく飾られた劇場で，できるだけのおしゃれをして夢のような時間を過ごす．劇場はだれもがあこがれる場所とされた．

　なぜおしゃれをするのか．それは，こうしたレジャーを楽しむ姿が多くの人々の視線にさらされたからである．いずれの場所でも，彼らは同じく余暇を過ごす人々と積極的に接触し，社交を楽しんだ．レジャーをすることによって同じ階層の人々との親交を温めることができ，それが自身の社会的なステータスを実感することにつながった．そのため，男性はスーツにハット，女性は華麗なドレスに身を包み，最新のファッションに敏感だった．レジャーは明らかにお互いが富裕市民層にいることを認め合う行為だったのである．

　この心地よい暮らしのなかにグルメもあった．彼らはおいしい料理を求めてレストランやカフェを訪れた．ここもステータスを実感するのに格好の場所であった．著名なレストランに出入りする姿は多くの人々に目撃され，裕福な暮らしぶりが知れ渡った．レストランでは同じ階層の人々がいるから，お互いに社交を楽しむことができた．何よりも，料理や食材，ワインやチーズに関する知識があれば，それだけで一目置かれた．彼らはスーツに身を固めてレストラン通いにふけり，うんちくを競った．

　しかも彼らは，美味であるだけでなく高価で珍しい食材を求めた．多くの人々の関心を呼ぶことを知っていたからである．その多くは本来，ヨーロッパでは手に入らないものであった．なかでもサトウキビやコーヒー，カカオには熱いまなざしが向けられた．いずれもヨーロッパでは栽培できない作物である．そのために栽培できる場所が世界各地に求められ，船でヨーロッパに運ばれた．それらは砂糖やコーヒー，チョコレートとして，ヨーロッパの華やかな食文化の核心部を担っていくことになる．

4.2　富裕市民層がつくった市街地

4.3 ステータス感を満足させる砂糖

　砂糖がヨーロッパで知られるようになって以来，その人気はすさまじかった．この甘味の食材は多くの人々を瞬く間にとりこにしていった．砂糖は飲み物を甘くし，さまざまなスイーツを生み出した．彼らは甘味の誘惑にはまって砂糖に群がるようになり，そのために砂糖を世界各地に求めた．ここでは砂糖の生産の歴史を振り返ってみよう．

　砂糖は古来，サトウキビ Saccharum officinarum から生産されてきた．サトウキビの原産地はニューギニアとその周辺（紀元前15000〜8000年あたりに栽培化）であり，それがインド（紀元前2000年）を経て8世紀頃には地中海地方へと陸伝いに広がった．イスラム商人や十字軍もその伝播に一定の役割を果たしていた．しかし，地中海地方では夏に著しく乾燥することから，スペインやイタリアの一部で栽培されていたにすぎず，その生産量は限定的だった．

　ヨーロッパの人々による栽培が本格化するのは，16世紀以降，ポルトガル人とスペイン人が大西洋を越えて新大陸に進出したのと歩調を合わせている．彼らはサトウキビの株を大西洋に浮かぶマデイラ島からブラジルへ，またアフリカの北西に浮かぶカナリア諸島から西インド諸島（1494年）を経て16世紀にキューバ，さらに18世紀にはメキシコへと持ち込み，栽培を広げていった．そしてこれを追うように，18世紀以降はイギリス人が西インド諸島をサトウキビ栽培の一大拠点に仕立て上げ，さらに19世紀にはアメリカ合衆国南部でもサトウキビを中心にしたプランテーションが確立されてゆく．こうしてカリブ海の島々をは

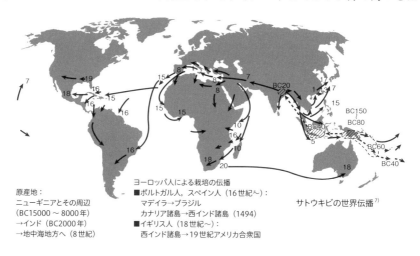

サトウキビの世界伝播[7]

原産地：
ニューギニアとその周辺
（BC15000〜8000年）
→インド（BC2000年）
→地中海地方へ（8世紀）

ヨーロッパ人による栽培の伝播
■ ポルトガル人，スペイン人（16世紀〜）：
　マデイラ→ブラジル
　カナリア諸島→西インド諸島（1494）
■ イギリス人（18世紀〜）：
　西インド諸島→19世紀アメリカ合衆国

じめとする広い地域で，イギリス人によるサトウキビの大規模なプランテーション経営が展開するようになっていった．

　サトウキビの栽培の歴史において，最も大規模かつ悲劇的な記憶を残したのがイギリスだった．17 〜 18 世紀にイギリスをはじめとする西ヨーロッパ諸国で喫茶の習慣が広まり，砂糖の需要が急激に上昇すると，イギリスは安価に砂糖が生産できる西インド諸島やブラジル北東部を生産の拠点とした．しかし，当時西インド諸島には十分な労働力がなかった．ヨーロッパからの人の移動とともに，天然痘やはしか，マラリアなどの病原体が持ち込まれ，抗体をもたない現地の人々の間で大流行して多くの命を奪い，人口が著しく減少してしまったからである．そこでイギリス人は，サトウキビ農園の経営をするための大量の労働力をアフリカに求めた．

　帆船に繊維製品やラム酒・武器を積んでイギリスの港リヴァプールを出航した彼らは，カナリア海流に乗って南下し，西アフリカのギニア湾沿岸へと到達した．そこで彼らは運んできたこれらの商品を使って，あるいは金銭により若い男性を集めた．また，現地の人々に武器を供与し，部族間の対立をもたらし，敗者を安価に購入して奴隷として確保していった．この事実は，地名にも残された．ナイジェリア西部からトーゴにかけての海岸は，奴隷海岸と呼ばれていた．ちなみにその西，ガーナの海岸は黄金海岸，その西のコートジボワールは象牙海岸，その先のリベリアの海岸は胡椒海岸と呼んだ．何しろギニア湾沿岸は，ヨーロッパから最も近い熱帯だった．彼らはここからあらゆる産品を収奪した．まさにヨーロッパ人にとってここは「黄金」の海岸だった．

　多くの奴隷を乗せた船は，そこから南赤道海流に乗って西へと進み，やがて西インド諸島などに到達する．そこでこの「黒い積荷」をおろし，労働力として酷使してサトウキビや綿花を栽培させた．収穫されたサトウキビは現地で精製され，袋詰めされて船に積み込まれた．この「白い積荷」を満載した帆船は，西インド諸島からメキシコ湾流・北大西洋海流に乗って北上し，イギリスに帰還する．ただ同然に近い奴隷の労働によって得られた砂糖は，ヨーロッパ

ヨーロッパに砂糖を運んだ三角貿易のルート[10]

4.3　ステータス感を満足させる砂糖

の市場においてきわめて高価格で取引され，イギリスに莫大な利益をもたらした．このイギリス・西アフリカ・西インド諸島の3地域を結んで成り立ったのが，かの悪名高い三角貿易である．

リヴァプールは，この砂糖からあがった巨万の富によって大いに繁栄し，世界帝国イギリスの礎となった．その歴史は今もこの町をかたどる壮大な建築物に見て取ることができる．保険会社やドックなどの遺構は美しく輝き，2004年には「海商都市リヴァプール」としてユネスコの世界遺産に登録されている．しかし，その陰に奴隷の残酷な歴史があることを決して忘れてはならない．

一方，砂糖は多くの華やかなスイーツを生み出し，華麗なヨーロッパ社会を演出した．宮廷に始まり，貴族や上流階級，そして18世紀末から台頭してきた富裕市民層の間で，スイーツはことのほかもてはやされた．イギリスの王室や貴族で好まれたスイーツは，またたく間にヨーロッパ各地に伝えられた．ヨーロッパ各地に特権階級のたしなみが伝えられ，儀式はもちろん，交友の作法や服装，テーブルマナーなどが次第に富裕市民層の間へと浸透していった．スイーツもその一つだった．

たとえばウィーンでは，ウィーン会議の立役者メッテルニヒ公Klemens von Metternichの料理人が創業したホテルザッハーSacherで19世紀初頭にザッハートルテSacher Torteがつくられ，宮廷はもちろん，貴族たちが通い詰める事態となった．その評判は町中に広まり，やがて富裕市民層たちも特権階級に倣ってこ

ウィーンのスイーツ，アプフェルシュトゥルーデル
（上：2009年3月，右：2018年1月）
リンゴの酸味が絶妙なウィーンの代表的なスイーツ．カスタードクリームとの相性もいい．

ウィーンのスイーツ，パラチンケン（2018年9月）
ハンガリーのパラチンタがハプスブルクの宮廷に伝わり，洗練されたデザートになった．

のトルテを楽しむようになる．スポンジにクリームがしっかりと練り込まれ，さらにたっぷりのチョコレートがふるまわれた逸品である．生クリームを使っていることから，冷蔵庫が普及する以前は保存がきかず，できたてを求めて客が絶えなかったという．

ザッハーのカフェを訪れてみよう．まず目につくのは，そのイン

ホテルザッハー（2009年3月）

テリアの美しさである．まるで宮殿の一室にいると錯覚するほどに，豪奢な雰囲気が漂う．これは19世紀に営業を始めて以来，ほとんど変わっていないという．当時，富裕市民層の人々がスイーツを口にしながら裕福な日々を満喫し，華やかなインテリアを目にしつつ貴族さながらの暮らしに酔った場所．この美しいカフェには，そうした優雅な人々の享楽ぶりを今もたどることができる．

ザッハートルテに限らず，スイーツは都会の富裕層に欠かせない代物だった．チョコレートやクリームで仕立てたスイーツを口にすれば，まるで全身がとろけてしまうような心地よさにひたり，自然と心がほどけてくる．砂糖の甘みを一度知ると，また欲しくなる衝動に駆られる．しかもそれが希少価値をもっていて高価だったから，スイーツはまさに豊さを実感できるステータスシンボルとして，人々があこがれる存在となったのである．

こうして18世紀以降，ヨーロッパの都市ではスイーツを提供する店が続々と現れ，定番のスイーツを置くレストランやカフェが各地でにぎわった．砂糖の需要は伸びる一方だった．経済が発展して富裕層が増えることによって，消費量は確実に増加していった．

しかし，砂糖の消費量の増加は，当時，産業化を遂げつつあるヨーロッパ諸国にとって悩みの種でもあった．それは，各国で砂糖の購入量が伸びれば伸びるほど，その購入先であるイギリスの商人のもうけを増やし，イギリスの経済力を高めることにつながったからである．特に海外植民地をもたないドイツ諸国など中央・東ヨーロッパの国々は，自前で安価の砂糖を得ることができなかったため，イギリスから大量の砂糖を輸入せざるを得なかった．こうして砂糖は国際政治とも絡むようになっていった．

この問題の解決に先べんをつけたのがプロイセンの化学者アンドレアス・マル

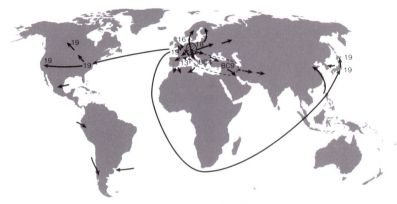

テンサイの世界伝播[7]

クグラーフ Andreas Marggraf だった．彼はヨーロッパ原産の作物であるテンサイ *Beta vulgaris* subsp. *vulgaris* に目をつけた．それまでブタの飼料として栽培されてきたテンサイの根から砂糖を抽出することに成功したのである（1745年）．さらにこれに続いて，同じくプロイセンの化学者フランツ・アクハルト Franz Achard が1790年に砂糖の製造に成功した．そして1802年，ついに最初の製糖工場がプロイセン領シュレジエン地方の町クーネルン（現ポーランドのコーナリ）にある国営農場に建設される．おりしもナポレオン Napoléon Bonaparte による大陸封鎖（1806〜1813年）によってイギリスからの砂糖輸入ラインがストップする事態が続いた．これを追い風にして，ヨーロッパの大陸部では砂糖の自給に向けた取り組みが本格化していった．さらにアメリカ合衆国の奴隷解放（最終的には1865年）によって輸入砂糖の価格が上昇したことも，テンサイによる砂糖精製業にとって追い風となり，フランスから現在のドイツ，さらに東ヨーロッパにかけての地域に多くの製糖工場が建設されるようになった．

実際，テンサイはプロイセンやオーストリアなど，中央・東ヨーロッパの広い地域で大規模に栽培されるようになった．たとえばプロイセンでは，1836年から1870年の間

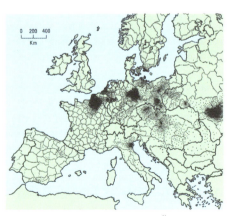

ヨーロッパのテンサイ栽培地域（1913年頃）[9]
ドイツやフランスに栽培が集中している．

に工場数は54から304に増加し，加工されたテンサイは2.6万tから300万t，生産された粗糖は300tから20万tに激増した．テンサイはさらにロシアやアメリカ合衆国でも栽培され，製糖業は拡大していった．18世紀にロシアのヴォルガ川流域に入植したドイツ人（ヴォルガドイツ人）が，19世紀にさらにアメリカ合衆国に渡ってコロラド州を中心にテンサイの栽培を行い，製糖業を起こした．そしてこの技術は，やがて明治期に太平洋を越えて北海道へと伝わり，日本の砂糖生産の一翼を担うことになる．

さて，ヨーロッパではテンサイによる砂糖の生産が拡大した結果，砂糖の価格は大幅に下がり，プロイセンでは1836年から1870年の間に100kg価格が174マルクから92マルクに急落していった．かつて供給量が限定され，高価だったがゆえにステータスシンボルとされた砂糖は，こうして一般市民の間で大量に消費されるようになっていく．19世紀後半になると一般市民の暮らし向きも次第によくなっていき，砂糖は容易に手に入るものになってきたのである．これに対応して砂糖の1人当たり年間消費量は，1800年の0.5kgから1850年の3.0kg，1890年は10.5kg，そして1910年には19.4kgへと約40倍にまで膨れ上がっていった．

世界のテンサイ生産を見ると，今もヨーロッパは主要な産地になっている．2014年現在，世界最大の生産国はフランス（3763万t）であり，ついでロシア，ドイツ，アメリカ合衆国での生産量が多い．また，ポーランドやイギリス，オランダ，ベルギー，チェコ，オーストリア，イタリア，スペインなどヨーロッパ諸国も上位に並んでいる．砂糖（分蜜糖）の生産量についても，フランスやドイツ，ポーランドが多く，ヨーロッパが今も自前の砂糖を確保しているのがわかる．このあたり，これまでたどってきた砂糖の歴史と決して無関係ではない．

4.4 スイーツが醸し出す都市の風情

砂糖の消費の増大とともに，スイーツは次第にヨーロッパの人々の暮らしに定着していった．今日のヨーロッパの都市には多くのスイーツ専門店が立地する．どの町にも必ず1軒はよく知られた店がある．スイーツは食後のデザートとして欠かせない．また午後のひと時をコーヒーや紅茶とともに楽しむ人も多い．だからスイーツ専門店には絶えず買い物客が訪れている．

アルザスワインとスイーツ（2017年8月）
ワイン畑を眺めながらスイーツをいただくのも悪くない．

デザートは18世紀末以来，レストランの数が増える

ウィーンのスイーツ店（2018年6月）

につれて，そこで食事をする富裕市民層の間で習慣になっていった．もともと宮廷や貴族，上流階級の人々の間で食後の定番としてあったデザートが，レストランで富裕市民層が経験して，徐々に一般市民へと広まったのである．さらに，大都市の暮らしに定着したデザートは，やがて地方都市，そして農村へと拡大していく．こうしてデザートはだれもが口にする，ごくありふれたものになっていった．かつて日本になかったデザートの習慣は，近代以降のヨーロッパにおける社会の変化のなかで根づいてきたものなのである．

　スイーツ専門店は，大都市では特に旧市街地に多く見られる．ヨーロッパの旧市街地には，多くの場合，中心商店街と呼ばれる一角がある．そこにはさまざまな商店が軒を並べ，市内で最も活気ある街路として知名度も高い．旧市街地はもちろん，郊外からも買い物客が訪れる商店街であり，最近は観光客でもにぎわっている．ウィーンのケルントナー通りやブダペストのヴァーツィ通りなどがよく知られている．

　この中心商店街の特徴の一つに歩行者専用道路がある．かつて車両の往来があった道路の多くが歩行者専用に整備されており，早朝などに貨物搬入や清掃の車両が出入りする以外は，自動車の通行は完全にシャットアウトされ

ブダペストのヴァーツィ通り（2004年9月）

ている．それはヨーロッパの旧市街地が，モータリゼーションが進行するにつれて交通渋滞や交通事故，騒音や排気ガスに悩まされるようになったからである．1970年代以降，これを改善するために，旧市街地から自動車を締め出し，市電や地下鉄などの公共交通機関の整備に力を入れてきた．その結果，生活環境が改善されただけでなく，自動車の運転をしない高齢者も比較的容易に買い物に行けるようになった．

　自動車を締め出して歩行者でにぎわう旧市街地．それは，さながら自動車交通が盛んになる以前，すなわち都市が産業化とともに飛躍的に発展した19世紀の町が再現したかのようである．かつて旧市街地にはおおぜいの人が道を歩き，商店に出入りし，あるいは路上でおしゃべりにふける光景が見られた．雑踏のなか，人と人が顔を合わせるありふれた日常があった，それが今，旧市街地から自動車が排除されたことによって，往時のにぎわいが取り戻されたように見える．

　町並みもこれに合わせるように歩行者の目線でデザインされている．自動車社会で生まれたコンビニエンスストアのような高くそびえたつ看板はまず見当たらない．走る車からでも見えるような巨大な看板はここでは必要なく，歩行者が見上げればわかる看板が店の上に掲げられている．なかには歴史的な看板を掲げている店もあり，ウィーンではオーストリア・ハンガリー帝国を示す「k. & k.」（皇帝と国王の意味）の文字を残す老舗も見かける．皇帝と国王が君臨した帝国御用達だったことを示すもので，いかにも誇らしげである．

ウィーンの老舗スイーツ店ハイナー（2018年6月）
1840年創業．k. & k.の看板が誇らしげだ．

　ショーウィンドーも旧市街地で目立つ景観である．どの店も往来に向けてデコレーションを凝らし，魅力を競っている．店が閉まった後や休日でも，ウィンドーショッピングを楽しむ人々が行き交っている．気になるショーウィンドーを眺めていると，いつの間にか何人も横に並んでいたりする．

　街路に並ぶショーウィンドーのなかでもスイーツ専門店はひときわ華やかである．そこにはチョコレートやクリーム，フルーツをふんだんに使ったスイーツが飾り立てられ，道行く人々の目を楽しませている．かつてステータスシンボルとして人々があこがれ，多くの楽しみをふりまいてきたスイーツが，今も多くの人々を引き寄せている．しかも夜ともなれば，艶やかな彩りを放つスイーツ専門

4.4　スイーツが醸し出す都市の風情

ウィーン旧市街地コールマルクト街の夜景（2011年12月） 高級店が並ぶ王宮前の繁華街．

クロアチアの港町リエカの旧市街地の夜景（2004年9月） オーストリア・ハンガリー帝国時代の面影をよく残している．

店がオレンジ色の街灯に照らされた町並みと見事なアンサンブルを演じていて，いかにもロマンチックである．これらのショーウィンドーのおかげで，町の景観は一層見ごたえのあるものになっている．王侯貴族や富裕市民層の人々によって繰り広げられた華麗な社会を象徴するスイーツが，現代のヨーロッパの都市の美しさをひときわ高めていると言っても間違いないだろう．

第5章
観光地の発展を
ミネラルウォーターで読み解く

5.1　保養地に起源をもつ観光地

　ヨーロッパは世界の人々があこがれる地域であり，世界各地から多くの観光客が訪れている．ヨーロッパには世界的に著名な観光地が数多くあり，イタリアやフランス，スペインなどヨーロッパの国々には熱いまなざしが向けられている．また，近年は東ヨーロッパ諸国の台頭もめざましく，プラハやブダペスト，ドゥブロヴニクなどの観光地が注目されている．多くの観光客が訪れることによって観光収入は大きく伸びており，観光はヨーロッパの国々にとってますます重要な収入源になっている．

　一方，ヨーロッパ諸国には外国に出かける観光客も多い．そのかなりの割合が他のヨーロッパ諸国に向かっており，特に夏のバカンスの時期にはヨーロッパの観光地はもちろん，航空機で移動する人々でヨーロッパの国際空港はごった返す．2016年の世界の空港の国際乗降旅客数を見ると，ヒースロー空港（ロンドン）が7103万人で世界第2位，スキポール空港（アムステルダム）が6353万人で第4位，シャルル・ドゴール空港（パリ）が6039万人で第5位，そしてフラン

南フランス・マルセイユ（2000年5月）
まぶしい陽光を求めて多くの観光客が訪れる．

ブダペストの温泉（2008年3月）
水温38℃なので温水プール感覚で楽しめる．

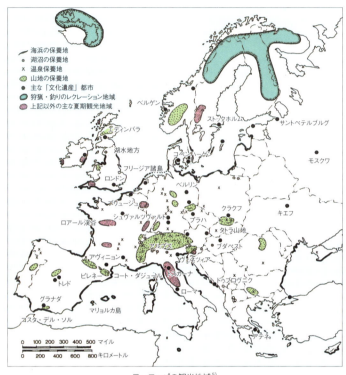

ヨーロッパの観光地域[5]

フルト空港が5371万人で第8位につけている．

　ヨーロッパの観光地は，じつに多彩である．古代ローマの遺跡，ドイツ各地の城郭，フランスのシャトー，ヴェルサイユ宮殿のような名所，アルプスやピレネーの山岳地，地中海沿岸のリゾート地など枚挙にいとまがない．また近年は農村での観光も人気で，特定の農家を宿にしている観光客も少なくない．

　そもそも今日，世界で広まっている観光は，ヨーロッパで生まれたものである．その出発点とされるのが，イギリスのパブリックスクールの生徒の修学旅行として知られるグランドツアー．彼らはロンドンを出発して，その大半をローマやフィレンツェ，パリで過ごした．貴族や上流階級，教養あるジェントルマンとしてのたしなみを得るために，これらの都市に蓄積されたヨーロッパの古典に触れたのである．こうした歴史はその後の観光のスタイルを決定づけている．ヨーロッパの大都市の多くが著名な観光地であり，美術館や博物館が大勢の観光客でにぎわっているのは，その流れと見ていい．

ザルツカンマーグートのバート・イシュル (2011年8月)
保養地の中心となる飲泉場.

バート・イシュルの劇場 (2011年8月)
都会並みの暮らしを求める保養客向けに
ぜいたくな施設がいくつもある.

　他方，18世紀後半あたりから富裕市民層の間で旅行がはやってくると，彼らは身体によい場所を求めるようになった．保養や避暑，避寒のために長期にわたって滞在する場所が彼らの目的地となり，保養地として発展していった．保養地はヨーロッパに広く見られ，こうした場所の多くは現在も著名な観光地であり続けており，世界各地から観光客を集めている．

　保養地とは，大気や鉱泉，海水などの自然を利用した病気の治療や健康増進を求める場所であり，18世紀あたりからヨーロッパ各地に現れた．地中海沿岸のコート・ダジュールやリヴィエラなどの海岸リゾート，アルプス山中のサンモリッツやザルツカンマーグート，さらにバーデン・バーデンやカルロヴィ・ヴァリなどの温泉などに多くの保養客が出かけ，ここに1カ月から2カ月，場合によっては半年以上にわたって逗留して海水浴や大気浴，温泉浴や飲泉，あるいは散歩や日光浴をしながら健康増進にいそしんだのである．

　保養地には長期滞在者向けの施設が建ち並んだ．19世紀の時代，保養地に出かけることができたのは，時間とお金に余裕のある富裕市民層に限られていた．

バート・イシュルの老舗スイーツ店ツァウナー (左：2011年8月, 右：2001年9月)
1832年創業．ウィーンと同じ水準のコーヒーとスイーツが楽しめる．

5.1　保養地に起源をもつ観光地

ツァウナーで出てきたプラムのケーキ
(2011年8月)

19世紀末の保養地ホテルの広告
赤線部に，おいしいウィーン料理を提供できる，とある．

しかも彼らの多くは，保養地にいながら都会の優雅な暮らしを求めた．そのために，保養地には高級ホテルやレストラン，劇場，ブティックが建ち並び，乗馬コースやテニスコートも設けられた．その結果，海岸や山間地にある保養地は，さながら大都市のコピーのようなありさまになった．料理も同様だった．イタリア北部のアルプス山岳地に，中央ヨーロッパ屈指の保養地メラーノ（ドイツ語でメラーン）がある．19世紀後半，オーストリア・ハンガリー帝国の后妃エリザベト Elisabeth von Österreich-Ungarn が好んで訪れたことで知られ，富裕市民層にたいそう人気があった．当時の旅行ガイドブックに載ったホテルの広告を見ると，ウィーンのレストランと同等の料理が提供できる，とある．アルプスに出かけても，彼らはウィーンと同じ暮らしを求めていたのである．

さて，彼らが保養地に向かったのには，別の目的もあった．それは水である．地下から湧き出る鉱泉，すなわちミネラルウォーターを飲むことによって健康が得られると考えられ，多くの人々が水を求めて保養地に出かけた．当時，水には高い関心が寄せられ，多くの保養地は水とともに発展してきた．ここでは保養地の発展をミネラルウォーターに注目して見てみよう．

5.2 豊かな暮らしのための飲料水

保養地の話題に入る前に，まず，当時の都市の暮らしにおいて水がきわめて貴重な飲み物であったことから話を始めよう．あらためて19世紀のヨーロッパに立ち返る．当時，パリやロンドンのような大都市では，市場や路上など人が集まる場所は途方もなく不潔だった．どれくらい不潔だったかは，当時の都市が上下水道のない過密空間だったことを思えば十分に理解できるだろう．

18世紀後半以降，都市が近代化を遂げるにつれ，地方や農村から労働者として多くの人が流入し，人口は増加の一途をたどる．しかし，都市の生活施設は旧

2階から捨てられる尿
(ホガース「一日の四節，夜」)

態のままだったから，人々の生活環境は悪化するに任された．都市には多くの井戸が掘られており，人々はこの水を利用した．一方，排水や排せつ物は川や水路に投棄されてきた．そのため，地下水が汚染され，井戸からの飲料水は濁り，悪臭を放つようになってきた．汚物の処理について規制があっても，夜間に路上に不法投棄する輩も多く，都市はいたるところゴミまみれだった．

このような都市の劣悪な環境は，富裕市民層の人々にとっては耐え難いものになっていった．同じ町に暮らしながら，彼らは貧困な労働者たちとは別の暮らしを強く志向するようになった．たとえば香水．美しいファッションを着飾るだけでは満足できず，悪臭から逃れ，体臭を消すための香りのよい香水を求めた．ちなみに，18世紀パリを舞台にしたパトリック・ジュースキント Patrick Süskind の『香水』には，当時の醜悪な市街地の様子が見事に描かれている．恐ろしく鼻が利く男が香水づくりに取りつかれ，破滅へと突き進むストーリーのおもしろさは別にして，映画化された『パフューム―ある人殺しの物語』(2006年) とともに，目も覆わんばかりの猥雑な街角を描写した点で秀逸な作品である．

パリに限らず，ロンドンやベルリンなどヨーロッパの大都市は，どこも多かれ少なかれ同じような状況だった．そして不衛生な都市の生活環境のツケが，ついに19世紀前半から半ばにコレラの大流行というかたちで市民に降りかかってくる．とりわけウィーン (1830〜1832年)，パリ (1832年)，ロンドン (1848〜1852年) の大流行では，多くの犠牲者を出した．原因がわからず，都市市民は得体の知れない悪魔の仕業では，と恐怖に震え上がった．

転機はイギリスの医学者ジョン・スノー John Snow の調査 (1852年) とともに訪れる．ロンドンのソーホー地区でコレラが大流行すると，彼は患者が住む家を地図で確認してその分布図を作成した．すると，患者が集中する地区の中央に共同利用の井戸 The Broad Street Well があることがわかり，その水がコレラの原因ではないかと推測した．この井戸はテムズ川の水をひいていたことから，汚染されている恐れがあるとして井戸の閉鎖を命じたところ，新たな患者が現れなくなり，コレラの流行はくい止められた．その後，1884年にコレラ菌の存在がド

ジョン・スノーのコレラマップ
患者の住所が赤，共同井戸が青丸で示されている．

イツの医師ロベルト・コッホ Robert Koch によって確定されるのだが，病原菌がわかる以前に出されたスノーの井戸水原因説は高く評価されることになる．

　スノーの業績によって，都市の井戸水が危険きわまりないことが広く知られるようになった．ヨーロッパの大都市では上下水道の整備が急務とされ，その結果，20世紀初頭には多くの都市で清浄な水道水がいきわたり，汚水を速やかに都市の外に排水する下水道も完成している．

　さて，再び19世紀初めの不潔きわまるヨーロッパの都市に戻ろう．すでに台頭してきた富裕市民層の多くは，この抜き差しならぬ状況のなか，ステータスを実感することに余念がなかった．彼らは，よりよい暮らしを強く求め，清浄で安全な飲料水を手に入れることに躍起になった．

　パリでは近郊の井戸や川から水が引かれ，人々の喉を潤していた．しかし，何より珍重されたのが，清浄な水源から運ばれてきた水だった．そしてグルメで鳴らす市民向けに，スイスのレマン湖近くにある町エヴィアン Evian の水源から運ばれた水が売りに出された．1826年のことである．彼らはこのアルプス山麓で得られるミネラルウォーターに酔いしれた．

エヴィアン（2000年5月）
カジノの町としても知られ，多くの観光客が訪れている．

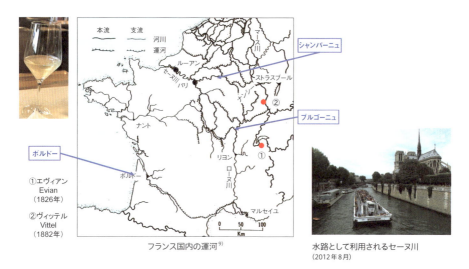

フランス国内の運河[9]

水路として利用されるセーヌ川
(2012年8月)

①エヴィアン Evian (1826年)
②ヴィッテル Vittel (1882年)

レストランで注文すると出てくるこの高価な水は，彼らのステータス意識をくすぐり，何よりも安心して飲めた．エヴィアンの名は富裕市民層の間で知れわたり，大いに愛飲された．これに続いてフランス国内各地から地下水が運ばれてくるようになり，1882年に販売を開始したフランス東部のヴィッテル Vittel の地下水も好評を博している．

ところで，パリに遠隔地から水が運ばれてきたのには理由があった．これらの水の多くは当時，船で運ばれたのだが，都合のよいことにフランス国内にはセーヌ川やローヌ川，ライン川やマース川など比較的流路の長い川があり，それらを結ぶ運河が早くから開削され，密度の高い水路網ができあがってきた．特にセーヌ川とロワール川を結んだブリアール運河（1642年），ソーヌ川とロワール川を結ぶ中央運河（1790年），そしてローヌ川の支流であるソーヌ川を結ぶブルゴーニュ運河は，1775年に開削が開始され1832年に完成．多くの水系を結ぶ運河が張り巡らされたことによって，パリはフランス東部と船で結ばれることになった．もちろん，これらは農産物や木材，石炭などを運ぶためのものだったが，運搬にコストのかかる水を運ぶにも好都合だった．こうして長距離の輸送に耐えて多くの水がパリまで運ばれたのである．

ちなみにこれらの水路網は，ワインの産地にとっても重大な意味をもっていた．水路を利用してフランスワインの大産地ブルゴーニュやソーヌ，そしてシャンパーニュが結ばれると，船で運ばれてきたワインがパリのレストランでグルメたちの舌を鳴らせた．水路が利用されたのは，水と同様，陸路ではコストがかかり

5.2 豊かな暮らしのための飲料水　71

すぎたからだが，それだけではなかった．ワインは温度変化と振動に弱く，劣化が進みやすい．19世紀，まだタイヤが普及する以前の陸路は，石畳や未舗装の道を木製の車輪で走っていたから，荷台に乗せられたワインは揺さぶられながら地面から発せられる輻射熱をまともに受けて劣化し，味を落とした．そのためパリのレストランでは，水路で運べるブルゴーニュ産のワインやシャンパーニュ地方産の発泡ワイン（シャンパン）が人気を呼んだ．一方，同じくフランスワインの大産地であるボルドー地方は，パリとの間に中央高地が広がり，水路の整備が進まなかったため，輸送がままならなかった．ボルドー産のワインの販路が貨物列車に冷蔵車が導入される19世紀後半まで，もっぱらイギリスやオランダなどへの輸出を中心にしてきたのはそのためである．パリのレストランでボルドーの名が知れ渡るには，鉄道の開通とタイヤの普及を待たねばならなかったのである．

5.3　健康のための飲料水

都市の富裕市民層にとって，水はグルメ以外にも重要だった．それは健康増進のための水であり，保養地の水だった．18世紀以降の保養地では飲泉の習慣が広まり，炭酸泉，硫黄泉など鉱物質に富む鉱泉，つまりミネラルウォーターを飲むことによる病気の治療が積極的に行われてきた．彼らはこの水を飲むことで健康になることを強く望み，保養地を目指した．

保養地は，地域固有の環境を利用しながら特定の病気の治療を行う場所として，特に19世紀に発達した．当時，呼吸器系の疾患やリウマチなど特定の病気の治療にとって保養地の環境が優れていることが医師たちによって発表されると，これら保養地への関心は高まっていった．

環境を重視した治療の意義が強調されるにつれて保養地は増加の一途をたど

スイスの保養地ダヴォス（2011年6月）
アルプス山岳地の澄んだ空気を求めて多くの保養客が訪れる．

ドイツ中部のバート・エルスターにある保養地公園
（2012年9月）
瀟洒なクアハウスの前に緑の公園が広がる風景は理想郷を思わせる．

チェコ西部の保養地フランチシュコヴィ・ラーズニェの飲泉場（2010年9月）
医師の処方箋に従って飲むのを基本としている．

チェコ東部の保養地ルハチョヴィツェにある飲泉場（2000年6月）
散歩のついでに水を汲んでゆく人が絶えない．

り，大いににぎわった．海岸とともに山岳地では，都市では得られない澄んだ空気と太陽放射，大きな気温差，起伏のある地形といった高山特有の環境が，病気の治療や健康増進に役立つと評価され，多くの保養地が生まれた．19世紀に産業の発達と都市の成長が起こると，都市には富裕市民層がますます厚みを増した．生活にゆとりのある人々が増え，鉄道網や道路網の整備，都市環境の悪化による優れた環境への関心の高まり，印刷技術の革新による新聞・書籍などマスメディアの発達とそれによる保養地情報の充実などが相まって，保養地を目指す旅行ブームに火がついた．もちろん，保養地がステータスを実感できる場所だったことは言うまでもない．

彼らは保養地に来るや，屋外に出かけ，散歩を楽しんだ．保養地公園と呼ばれる手入れの行き届いた植栽の美しい公園をのんびり歩き，ベンチに腰かけて歓談や読書に耽った．天候がよければ日光浴に時間をかけた．保養地は山あいに多く立地し，坂のある遊歩道が整備された．坂の上り下りは呼吸を早め，新陳代謝を促す．この歩行を利用したテレーンクア Terrainkur（地形療法）と呼ばれる医師の処方に基づく病気の治療もさかんに行われた．その様子は，結核患者の療養地で知られたスイス山岳地のダヴォスを舞台にしたトマス・マン Thomas Mann の作品『魔の山』に詳しい．

ミネラルウォーターを飲むことも保養地を訪れる人々の目的の一つだった．この飲泉という保養行為は，泉が湧くヨーロッパの保養地で人気を集めた．温泉といえば湯に入浴する日本の習慣とは違って，飲むことに関心が寄せられたのは，保養地が発展した18世紀後半当時の医学界では，病気の原因として大気などにあるミアズマ Miasma（瘴気）と呼ばれる悪い環境によるとする考え方が一般的で，ミアズマのない優れた環境を求める傾向があったことがあげられる．ミネラ

5.3 健康のための飲料水　　73

チェコの温泉保養地カルロヴィ・ヴァリ（1995年9月）

ルウォーターを飲むことによってよい環境を積極的に取り込めると考えられ，病人はもちろん健康な人々も，優れたミネラルウォーターを求めて保養地に足を運んだ．

　飲泉場として知られるところにチェコ北部の町カルロヴィ・ヴァリがある．ここはかつてカールスバートと呼ばれ，オーストリア皇帝のヨーゼフ2世やゲーテ，ドストエフスキーなどそうそうたる名士が訪れた由緒ある中央ヨーロッパ有数の保養地であり，今もヨーロッパ各地から保養客でにぎわっている．

　保養客の目的は，ここに湧く12種類もの異なる泉質のミネラルウォーターである．古くからさまざまな病気治癒の効能が知られており，保養客は期待に胸を膨らませ，カルロヴィ・ヴァリでの滞在を楽しんだ．高く噴き上げ，しぶきを上げる源泉はこの町の名物であり，その威容に保養客は心を躍らせ，決して美味ではないがミネラル豊富な水を体調や病状に応じて飲み，健康回復を目指した．また，長期滞在を続けながらぜいたくな時間を満喫し，合間に絵葉書を書いてはその優雅な暮らしぶりを知人たちに自慢した．町の中央に風格ある老舗ホテルプップ Pupp がある．この五つ星ホテルはユーゲント様式のインテリアが美しく，この保養地の華やかな歴史を今に伝えている．

　さて，カルロヴィ・ヴァリのミネラルウォーターには炭酸が含まれている．そ

ウィーン南郊の保養地バーデンのカフェ，ツェントラル（2004年3月）
リキュールが添えられたコーヒーでのんびり過ごせる．

74　第5章　観光地の発展をミネラルウォーターで読み解く

ウィーン南郊の保養地バート・フェースラウ (2018年1月)
オーストリア最大手のミネラルウォーターの生産地。

19世紀の保養地フランツェンスバートの絵葉書
（現在のチェコのフランチシュコヴィ・ラーズニェ）

れは，この町があるチェコのボヘミア地方が古い火山地帯で，二酸化炭素を含む火成岩が分布しているからである．同じくチェコ北部にある温泉保養地であるマリアーンスケー・ラーズニェやフランチシュコヴィ・ラーズニェも長い歴史をもち，それぞれかつてはマリーエンバート，フランツェンスバートの名でヨーロッパに知れわたっていたが，いずれも炭酸泉を求める人々でにぎわってきた．保養地でミネラルウォーターを飲むと身体によいことは多くの人々の間で知られるようになり，次第に炭酸の入ったミネラルウォーターを飲む習慣が都市市民の間にも浸透していった．

　もっとも，これらの保養地にまで出かけていって水が飲めるような経済的にゆとりのある人は限られていた．そのためすでに17世紀には，樽や瓶に詰められた水が都市に向けて発送されている．ただ，輸送に使える水路がほとんどなく，陸送されたことから，それらの水は非常に高価で，やたらに口にできる代物ではなかった．そうしたなか，ドイツの医師フリードリヒ・シュトルーフェ Friedrich Struve がカールスバートの水を化学的に調合して炭酸を吹き込むことによって人工的に製造し，1821年にドレスデンで販売を始める．この人工ミネラルウォーターは飛ぶように売れ，以後ベルリンやケルン，ライプツィヒやモスクワなどに店舗を展開していく．彼のビジネスがいかに大きな成功を収めたかは，創業からわずか2年後の1823年にザクセン王国から市民功労勲章を授与されたことからもわかる．その後もこのカールスバート水は市民の間で親しま

水道水がついてくるウィーンのカフェ (2011年12月)
ウィーンでは19世紀にアルプスから水道が引かれたため，珍しく大都市でもおいしい水が飲める．

5.3 健康のための飲料水

れてきたが，第二次世界大戦後，飲料水に関する規定によってオリジナルでないミネラルウォーターの販売が禁じられたことから，この人工ミネラルウォーターは1960年代に生産は終了している．

ともあれ，こうした経緯からヨーロッパでは炭酸水を飲む習慣は今に続いている．特にドイツやオランダ，東ヨーロッパ諸国などではミネラルウォーターと言えば炭酸水であり，レストランで出てくる水も炭酸水が定番となった．炭酸水の供給量も19世紀以降増加の一途をたどり，各地で炭酸入りミネラルウォーターが出荷・販売されている．

何しろ，ボヘミア地方だけでなく中央ヨーロッパには新生代の火山帯が広がっており，各地で炭酸泉が湧いている．ドイツが火山地帯とは思いにくいかもしれないが，ドイツ中部のアイフェル地方には古い火口であるマールと呼ばれる円形のくぼ地がいくつもあり，ドイツ南西部には火成岩である玄武岩が分布している．こうした火山性の地形を観光資源にしたドイツ・火山街道と呼ばれる観光ルートも設定されているなど，火山は意外に身近な存在になっている．この一帯はドイツ国内有数のミネラルウォーターの産地であり，アイフェル地方西部に位置するゲロルシュタインで産出する発泡性のミネラルウォーターはゲロルシュタイナー Gerolsteiner の名で生産され，世界各地で飲まれている．

もっとも，最近は人の移動が激しくなり，食のスタイルがヨーロッパでも多様化しており，炭酸のない水を求める人も増えている．レストランでも炭酸のない水が出されるようになり，ミネラルウォーターも炭酸を抜いたものが店先に並ぶようになった．ただし，依然として水は買うものであり続けているのは，優れた美味しい水を求める風潮があり続けているからだろう．

最後に，炭酸水つながりの話題を一つ．カルロヴィ・ヴァリの名物に，小麦粉

ゲロルシュタイナー

ルハチョヴィツェのオブラート（2000年6月）

を炭酸泉でこねて焼いたオブラートOblateがある．薄いワッフルのような焼き菓子で，19世紀以来，みやげ物として好評を博してきた．カールスバートのワッフルと聞いただけで，何らかの効能があるように思えてくる．そういった期待が寄せられたからか，このワッフルは各地の炭酸泉で模倣され，温泉保養地の人気商品になっていった．これは日本でもカルルス煎餅の名で知られるところとなった．カルルスとは，カールスバートをカタカナでカルルスバートと呼んだことにちなんでいる．20世紀初頭，炭酸泉が湧出する神戸の有馬温泉がこの煎餅を売り出したところたいへん評判がよく，一時はこの温泉の代名詞になるほどの人気を博した．炭酸煎餅として今もみやげ物の定番になっている．

5.4 ヘルスツーリズムと観光地

　かつて富裕市民層の保養の場として発達した保養地は，次第に一般の観光客でにぎわう観光地へと発展していく．その背景には休暇を取る人々の増加がある．たとえばフランスでは1936年に長期のバカンスが法制化されたのを皮切りに，長期休暇が国民の間で浸透し，やがて4週間近い休暇が定着していった．有給休暇をほぼ100%取得できる職場環境が整ってきたことも，観光客が保養地に向かう追い風になっている．

　なかでも近年脚光を浴びているものに，一定期間そこに滞在して健康を取り戻そうとするヘルスツーリズムがある．余暇時間の拡大とともに健康への関心が高まってきたことが背景にあり，身体不調の改善から健康増進まで目的はさまざまあるものの，現地の環境を利用する点で共通している．そこでは治療や療養のための医療を重視した施設から，美容や健康増進のためのサウナやマッサージ，ヨガ体操を行う場所，さらにはスポーツやハイキングといったレジャーを楽しむ場所など多様なニーズに応じたメニューが用意されており，多くの人々を引きつけている．

　イギリス南部のドーヴァー海峡に面したブライトンやオランダ沿岸のフリースラント諸島，南フランスのコート・ダジュールは，海岸でのヘルスツーリズムの代表格だろう．アルプス山岳地ではスイスのダヴォスやフランスのシャモニーで知られるアルプス山岳地の保養地も，多くの富裕層が滞在する一方で，世界各地から観光客が訪れ，健康増進にいそしんでいる．さらにはバーデン・バーデンやブダペストなど温泉地における健康関連施設の充実ぶりもめざましい．

　そのようななかで，ヘルスツーリズムで知られるドイツ中部の保養地バート・クロイツナハを紹介しよう．日本にはあまりなじみがないが，ここにはミネラル

バート・クロイツナハの流下式濃縮施設（1991年9月）
屋根がつけられており，天候に関わりなく座り続けることができる．

ウォーターを利用した珍しい施設があり，絶えず保養客や観光客でにぎわっている．ライン川支流のナーエ川沿いにある保養地で，ゲロルシュタインの南東方約100kmに位置する．ドイツ国内有数の保養地で，2010年には人口約5万人の町に9万2700人の宿泊客が訪れた．市内にはクアハウスをはじめ療養病院やホテル，保養地公園などがあり，特に保養地の中心にあるクアハウスは，レストランや宿泊施設，水浴場のほか，マッサージやエステなどのサービスもあり，多くの保養客でにぎわっている．その落ち着いたたたずまいは，いかにも身体に良さげである．

これら保有地に特有の施設とともに，この保養地を歩いて目につくのが流下式濃縮施設である．ここで湧き出る鉱泉水から塩を採るための大がかりな建物で，18世紀に設置されたという．木の枝（多くはトゲのあるスピノサスモモの枝）を5m近くまで重ねて立ち上げ，上部から流す鉱泉水が枝の間をしたたり落ちて濃縮されていく仕組みである．濃くなった塩水を煮詰めることによって塩が採れ

ザルツブルク岩塩坑にある国境（2011年8月）
オーストリアの岩塩坑は地下でドイツ国内にまで伸びている．

ポーランドのヴィエリチカ岩塩坑（2003年9月）
地下327m，全長300kmに及ぶ長大な坑道は1978年に世界遺産に登録されている．

クロアチアの塩田（2005年8月）
アドリア海の海水を引き入れた塩田が広がっている．

クロアチア産のフルール・ド・セル（塩の精華）
塩田で自然乾燥によって結晶化した塩を集めたもので，味がよいことで知られる．

るわけで，この流下式製塩法によって町は塩の産地として栄えてきた．1789年には地理学者アレキサンダー・フォン・フンボルト Alexander von Humboldt が塩の採取法を学ぶために訪れている．

　塩は肉など食品を保存するのに欠かせないことから，製塩業はヨーロッパ各地で発達してきた．アルプス山岳地にあるオーストリアのハルやフランス南東部のサランのように，ケルト語やラテン語で塩を意味する語を由来とする地名があることからも，塩が古くから重視されてきたことがわかる．ちなみに，サランの近くで1779年に操業を開始したアルケスナン王立製塩所の跡は，往時の見事な施設が残されていることから1982年に世界遺産に登録されている．このほかオーストリアのザルツブルクが，岩塩の採掘による莫大な収入を背景にかつて強大な教会権力の拠点だったことはよく知られるところである．

　塩水泉の多くは塩の含有率が2％程度で低く，約3.4％の海水に比べて生産の効率は決してよくない．しかし，海水塩を内陸に運ぶにはコストがかかることから，できるだけ消費地に近く，また塩水を煮上げるための燃料としての木材が入手しやすい場所で製塩業は発達してきた．19世紀半ば以降はソーダ工業が発達したことによって塩の需要は大幅に伸び，各地の鉱泉は製塩ブームに沸き立っていく．しかし，それもつかの間．19世紀後半に鉄道網が整備されると，特に地中海方面から安価な海水塩が出まわるようになったために，鉱泉を使った製塩は次第に衰退していってしまう．

　これに代わって脚光を浴びたのが鉱泉の健康利用だった．濃縮施設に鉱泉を流し落とすと，塩分を含んだしぶきが飛び散る．19世紀半ば以降，これを吸引することによって気管支ぜんそくなどの呼吸器系の疾患や花粉アレルギーの治療に効果が期待できるという医学の研究結果が相次いで発表されたことから，製塩施

バート・クロイツナハの噴霧機（1997年5月）
時間を気にせずにゆっくり呼吸することが肝心である．

設はそのまま保養・療養施設に転用された．

　バート・クロイツナハの流下式濃縮施設も19世紀末に保養を目的に利用されるようになった．長さ300 mにも及ぶ巨大な濃縮施設が立ち並んでおり，その前にはベンチが置かれている．保養客はこの施設に向かって腰かけ，ゆっくりと呼吸しながら塩を含んだ大気を肺の奥深くまで取り込んでいる．特にここの鉱泉水には石灰分が少ないために設備の維持が簡便ですむことから，保養施設としての利用は大規模に進められてきた．

　また，クアハウスの近くに設置されている噴霧機も興味深い．鉱泉水がスプリンクラーのように放散され，そのしぶきを吸うために周囲には多くの保養客が腰かけている．聞けば2時間くらいはそこに座り続けるのだという．ここではミネラルウォーターはもっぱら鼻から吸うものであり，これによって健康増進がはかられるというわけである．

　ミネラルウォーターを利用して健康を取り戻そうとする観光．そこにはヨーロッパで育まれ，継承されてきた豊かな暮らしへのあこがれが生きている．健康という誰もが望む身体を手に入れられる保養地は，まさに理想郷，ユートピアといえなくもない．そうすると保養地に湧くミネラルウォーターは，さしずめ命の水といったところか．水が今もヨーロッパの豊かな暮らしと結びついていることは確かである．

第6章

工業化を
ビールで読み解く

6.1 工業化のなかの食品

　ヨーロッパの工業の特色を見ると，18世紀後半にイギリスで始まった産業革命から20世紀半ばに至るまで，その多くが原料立地型の工業地域で展開されてきた点をあげることができる．イギリス東部のヨークシャー地方は，ヒツジを飼育する地域であったことからリーズなどの都市で毛織物業が発達したし，19世紀になると，石炭と鉄鉱石が採掘される地域に近接して製鉄業が起こっている．イギリスのミッドランド地方やドイツのルール地方，ドイツ・フランス国境のザール地方とロレーヌ地方，ポーランドのシロンスク地方などには，これら製鉄業に必要な原料が入手しやすいことから，巨大な高炉がそびえる製鉄所がいくつも建設され，大規模な鉄鋼の生産が行われてきた．

　もちろん，これらの工業地域が発達した背景として，原材料である鉱産資源だけでなく，19世紀に整備が進んだ交通網と，農村人口の増加による大量の労働力もあげなければならない．特にライン川やマース川，エルベ川，セーヌ川などが運河で結ばれることによって，ヨーロッパにはきわめて密度の高い水路網がつくり上げられ，石炭や鉄鉱石が工業地域に運ばれ，生産された鉄鋼が川を下ってハンブルクやロッテルダムの港から世界各地に輸出された．19世紀半ばになると，河川交通を補うように鉄道が敷設されたので，これらの工業地域はさらに発展していった．

　製鉄業と並んで，19世紀には機械工業や金属工業，さらに食品工業も，交通の発達とともに大規模な工場が操業を開始し，大量の製品を生産するようになった．蒸気機関が導入されたことによって，それまで人の手に任されていた生産が機械で行われるようになった結果，工程はそれぞれの部門ごとに分業され，流れ作業が実現された．生産効率は著しく向上し，品質の均質化も進んだ．生産の規模は拡大し，それが世界的な企業の出現へとつながった．

　20世紀前半の二度の大戦をくぐり抜け，ヨーロッパの工業は世界をリードし

てきた．しかし，1970年代のオイルショック以降，それまでヨーロッパの工業化を担ってきた製鉄業は陰りを見せ始める．低コストの鉄鋼生産の中心が発展途上国に移り，軽金属の開発と普及が進んだことによって，ヨーロッパの製鉄業の国際競争力は低下した．これに代わってヨーロッパの工業の主力は，IT産業へと移行していく．高い技術が集積した生産拠点が都市に近接してみられるようになり，ロンドンやパリなどの大都市圏をはじめ，ミュンヘンやシュツットガルト，トゥールーズ，トリノ，バルセロナなどの都市には自動車や精密機器などのハイテク産業が立地している．ヘルシンキのノキアやストックホルムのエリクソンのように，携帯電話やスマートフォンの世界的な生産拠点がドイツやフランスなど従来の産業地域から遠く離れた場所に立地するようになり，ヨーロッパの工業地域は20世紀後半に大きく変貌した．

とは言え，従来からの製造業には原料立地型のものが多く見られるのも事実である．特に食品工業は農産物の生産地を背景にして形成されてきたことから，現在でも地域的に特色ある食品の生産が行われている．製造業の企業数において食品工業はきわめて多くを占めており，たとえば2012年のヨーロッパ各国の製造業構成を見ると，特にフランスでは，食品工業の企業数が6万599社あって製造業部門のうちで最も多く，全企業数21万7874社のじつに27.8％を占める．またドイツでも食品工業の企業数が3万1139社にのぼり，製造業総数20万3644社の15.3％を占めている．

ただ，食品工業においても，生産工程の合理化が進むにつれて，原料を広い地域から調達できるようになったことで，食品は地域を選ばず生産されている．工業化の進展とともに特定の地域の生産から世界各地での生産へと発展し，ヨーロッパの食は世界各地に広まることになった．

こうしたヨーロッパの工業化の流れはビール製造にも見て取ることができる．ビールはヨーロッパの広い地域で日常的な飲み物とされてきたが，今や世界各地でつくられている．もともとビールの伝統のなかった地域でも，今ではごくありふれたものとして普及している．ここではビールの生産をたどりながら，ヨーロッパの工業化について見てみよう．

6.2　農産加工品としてのビール

ビールは，基本的にはオオムギ *Hordeum vulgare* とホップ *Humulus luplus* でつくる農産加工品であり，したがってそもそもこれらの作物が収穫できる地域でつくられ，飲まれてきた．ヨーロッパではオオムギは，古代にメソポタミア地方か

5000年前：
肥沃の三日月地帯
（原産地）
↓
2000〜3000年前：
ヨーロッパに伝播
↓
古代から大麦を醸造して
飲む習慣：食品・薬
特に中世は修道院を拠点
にした生産

オオムギの世界伝播[7]

ら伝えられて以来，アルプス以北の地域で栽培が広がった．ただし，コムギやライムギと違ってグルテンを含まず，パンにしにくかったうえに，粥にしてもおいしくないために，もっぱら家畜の飼料として栽培されてきた．とは言え，せっかく栽培できる穀物はできる限り食料にするのが望ましく，そのために麦芽を発酵させた飲み物が生み出された．それは栄養を得るためのものであり，しばしば滋養強壮薬とみなされ

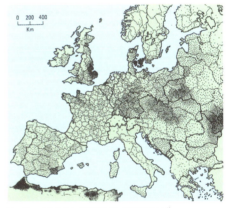

ヨーロッパのオオムギ栽培地域（1913年頃）[9]
ヨーロッパ中央部のビールの産地とおおよそ一致している．

てきた．中世には食料の自給自足を行っていた修道院でも，ビールは積極的につくられた．

　ヨーロッパでビールは，農業を背景にして古くから飲まれてきたものであり，地域固有の食品だった．そのことは今日のビールの消費量の地域差にもよく現れている．世界の1人当たりビール消費量を国別に見ると，上位20カ国のほとんどがヨーロッパ諸国で占められ，特にチェコやオーストリア，ドイツで大量に飲まれている．2016年の統計によれば，トップのチェコ（143.3 L）の消費量は日本（41.4 L）のじつに3倍以上に達する．ビールは，明らかに古くからの生産地で多く飲まれているのである．

6.2　農産加工品としてのビール

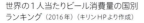

世界の1人当たりビール消費量の国別ランキング（2016年）（キリンHPより作成）

アルトビール（2011年9月）
デュッセルドルフで人気の上面発酵ビール．

ミュンヘンのヘレスビール（2010年9月）
ミュンヘンの代表的な下面発酵ビール．

　しかし，長い歴史をもつヨーロッパのビールは，近代に大きく変貌する．ビールには，その製造の過程で酵母が麦芽液の上部に浮き上がってくる上面発酵ビールと，麦芽液の底に沈む下面発酵ビールに分けられる．もともと栄養食品として発展した伝統的なビールは上面発酵による．常温（20〜25℃）で発酵し，比較的強い香りが特徴である．ただ，発酵中に雑菌が入りやすく，温度変化によって品質が左右されるリスクがある．イギリスのエール Ale やアイルランドのギネスビール Guinness のように，濃色にローストしたオオムギを使用するスタウト Stout がこれに該当する．ドイツでは，デュッセルドルフで有名なアルトビール Altbier が知られる．

　一方，下面発酵ビールは15世紀後半に南ドイツのバイエルン地方で開発された比較的新しいビールである．これは低温（約8℃）で緩やかな発酵を続ける．上面発酵ビールに比べると香りが弱く，すっきりした味わいを特徴とする．地下室に長期貯蔵するラガーと呼ばれるタイプが主流で，17世紀の三十年戦争で北ドイツの醸造所が大きな被害を受けた際に，一気に市場を拡大し，ビールの主流へとのしあがった．

　こうしたなかで，ミュンヘンを首都とするバイエルン王国では，1516年にビール純粋令 Reinheitsgebot が公布された．これは，下面発酵ビールをオオムギとホップと水だけでつくるよう規定するものであった．当時，ビール生産の主流はドイツ北部にあり，それに対抗して出荷量を増やすにはビールの質を向上させ

ドイツ・エアランゲンで今も使われるビールケラー（2018年11月）
工業化する以前からビール貯蔵のために使われている横穴式のケラー．毎年6月に開かれるビール祭り「ベルヒ」では，上部の客席は大にぎわいになる．

ミュンヘンのヴァイツェンビール（2010年9月）
コムギでつくったビールが今では大人気．

ビールの製造
農産加工品としてのビール
・上面発酵ビール
　　栄養食品として発展した伝統的なビール．
　　常温（20〜25℃）で発酵
　　酵母が麦芽液の表面に浮上する，香りが強い
　　雑菌が入りやすく，温度変化によって品質が左右される
　　スタウト（濃色にローストした大麦を使用）
・下面発酵ビール
　　15世紀後半のバイエルン地方で開発，低温（8℃）で緩やかな発酵
　　酵母が麦芽液の底に沈む
　　香りや弱く，すっきりした味わい，16世紀以降（三十年戦争後）ビールの主流へ
　　ラガー（地下室に長期貯蔵する），ピルスナー

　る必要があった．さまざまな穀物を用いた「ビール」が横行していたなかで，原材料をオオムギに限定したのである．しかも，この法令は当時人気のあったコムギでつくったビール（今日のヴァイツェンWeizen）を禁ずるためでもあった．そもそもビールは食用には向かないオオムギから栄養を摂取するための飲み物であり，だから食用となるコムギを使うことは食料確保の観点から望ましくない，というのが理由であった．以来，バイエルン王国では純粋令がビール生産を規定していく．

　ちなみに，1871年にビスマルクによるドイツ統一が果たされる際にバイエルン王国は，統一に参加する見返りとしてビール純粋令を全国に適用するよう求めた．この要求は1906年にようやく認められ，ドイツ帝国全域で法制化され，ドイツのビールを規定していく．ところが時代が下り，欧州共同体ECにおいて加盟国間の共通市場化が進められると，自由な商品の流通の妨げになるとしてEU内で問題視されるようになり，1987年にこの規定は国内向けのビールにのみ適

用されるものとなる．とは言え，長く培われてきたこだわりは今も強く，ドイツには純粋令にのっとってビールをつくり続けているメーカーがかなりある．

こうした経緯を踏まえれば，ビールが本来，酔うための飲み物ではなく，れっきとした食料の一部であることが理解できるだろう．ビールはがぶがぶ飲むものではなく，むしろちびちび飲まれてきた．またゆっくり飲むために，途中で虫などが入ったりしないようにビアマグには蓋が付けられたりした．

そうしたビールの飲み方も，時代とともに変化していく．特に19世紀初め，バイエルン王国の首都ミュンヘンで大きな転機が訪れる．1810年10月，ミュンヘンでは皇太子成婚の祝祭が盛大に開催された．市民はもちろん，周辺の農村からも大勢の人々が集まり，歌や踊りで大いに盛り上がった．たくさんのビア樽が運び込まれ，祭典はにぎやかに繰り広げられた．下面発酵ビールの味わいが軽めであることも，大きなジョッキで豪快に飲むのに向いていた．

バイエルン王国ではこうした国民の開放的なにぎわいは歓迎され，翌年以降も10月にビールを飲みながら歌や踊りを楽しむ盛大な祭りを続け，10月祭，つまりオクトーバーフェストOktoberfestへと発展していく．祭りは次第にビール祭りの様相を強め，年々参加者も増えていった．ドイツ帝国統一後の1872年になると，より多くの集客によるビールの消費を期待して開催時期を，まだそれほど寒くない9月に変更して，祭りはいよいよ大量のビールを飲み，歌と踊りで陽気に楽しむものへと変質していった．ビール純粋令がドイツ国内全域で適用されるようになると，バイエルン地方のビール醸造所はマーケット拡大を目指すようになり，オクトーバーフェストはますますビールの大量消費の場としての色合いを強めていくことになる．

蓋付きのビアマグ
(2018年11月)

ミュンヘンのオクトーバーフェスト
(2010年9月，帝国書院撮影)

男性は皮ズボン，女性はディアンドルと呼ばれるワンピースを着て豪快にジョッキを傾ける．

6.3　工業製品としてのビール

　さて，こうして19世紀以降，ミュンヘンを中心にしてビールの大量消費が起こってくるわけだが，それを支えるビール生産が画期的な発展を遂げたことに話を進めたい．ビールはオオムギの麦芽を発酵させてつくる農産加工品であるから，夏にオオムギを収穫してから発酵を経て製品化する時期は秋以降であり，製造の時期は限られている．これが大きく変わったのは，1873年にアンモニア式冷凍機が発明されてからになる．これによってオオムギの保存や麦芽発酵の開始時期や速度の調節，製品の保存のための温度コントロールが可能になり，ビール生産が季節を問わずできるようになった．その結果，ビール生産のマニュアル化が進み，ビールの品質の均質化，製造の脱季節化が実現された．また19世紀半ば以降，鉄道網が大幅に整備されたことによって迅速な長距離輸送が可能になり，ビールの販路は飛躍的に広がった．ビールは規模の大きな工場でつくられるようになり，大量のビールが市場に出回ることになった．ビールはもはやワインのように原料の出来不出来に左右され，年によって品質にばらつきが生じるような農産加工品ではなく，毎年同じ品質で生産される工業製品になったのである．

　とりわけこの工業化の波に乗って世界的に知られるようになったのが，チェコのビールである．チェコは早くからビールの生産地として知られ，町ごとに独特の味わいのビールがつくられてきた．ボヘミア盆地の肥沃な農地でオオムギが栽培され，首都プラハの北西方60 kmにあるザーツ（チェコ語でジャテツ）地方は，世界最高級のホップの産地へと発展した．

　ついでながら，ホップがビールに加えられるようになったのは，ビールの歴史において比較的新しい．もともとヨーロッパに野生のホップが茂っていたのを，12世紀あたりからビールの味をよくするのに使うようになった．そしてさらに

ドイツ南部のホップ栽培
(2010年9月)
ハラタウ地方で収穫を待つホップ．

収穫前のホップ
毬花と呼ばれる花状の雌株がビールの原料に使われる．

プルゼニのビール工場直営店(2010年9月)

プルゼニのピルスナービール(2010年9月)

麦芽の煮汁に加えると腐りにくくなり，しかも香りも楽しめるというわけで，14世紀頃から各地で栽培が始められ，ビールに加えるようになった．ホップがビールに欠かせないものとなるのは，ドイツでは先に触れたビール純粋令以降のことになる．

　現在，ホップの生産量はヨーロッパではドイツが圧倒的に多く，チェコやポーランド，イギリスなどがこれに続く．ドイツでは国内各地で栽培されているが，とりわけ南ドイツ・ミュンヘンの北60kmほどにあるハラタウ地方は，良質のホップの生産地として世界的に知られる．もともとビール生産地ミュンヘンに近接していることから発展したが，保存技術の進歩のおかげで，今では世界各地に輸出されている．

　さて，チェコのビールである．チェコ西部にある都市ピルゼン（現在のプルゼニ）は，チェコを代表するビールの町として世界的に知られる．その歴史は1842年にさかのぼる．1839年に創業された市民醸造所Bürgerliches Brauhausに1842年，ミュンヘン出身のビール醸造技師ヨーゼフ・グロルJosef Grollが着任し，ミュンヘンと同じビールをつくるはずが，良質の軟水を用いたことからこれまでにないすっきりとした味わいのビールになった．偶然できあがったというこのビールは，瞬く間に評判を得て，出荷量を大幅に増やし，その勢いはミュンヘンをしのぐほどになる．たいへん人気になったことから，地名にちなんでピルスナーPilsnerと名づけられ，工業化が進むにつれて現在の世界のビールの主流へとのし上がっていく．よく知られているピルスナー誕生のエピソードである．1898年にはビールの銘柄としてピルスナー・ウルケルPilsner Urquellを商標登録

19世紀末のピルゼン（プルゼニ）の絵葉書
この町にはドイツ語圏から多くの観光客が訪れた．

し，1913/1914年には年間出荷量は10万kLをゆうに超えるまでになった．以後，その口当たりのよさから，日本を含めて世界のビールの多くがこのピルスナータイプになってゆく．

　ビールをがぶがぶ飲むようになった19世紀．この新星のごとく現れたビールの産地に人々の目が向かないわけがない．ウィーンやプラハ，ベルリンやミュンヘンなどヨーロッパ各地から，多くの観光客がうまいビールを求めてこの町にやってきた．19世紀末の絵葉書を見ると，町の全景と目立つ建物．煙突から煙を吐く二つのビール工場，そして左下にはホップをバックにビアマグを抱えて満足げな男の姿が描かれている．当時，絵葉書は各地の情報を伝える役割を担っていた．その土地の魅力が絵に描かれ，それが送られることによって多くの人々に土地の様子が伝えられた．この絵葉書の受取人は，さぞやこのビールの町にいる旅行者を羨ましく思ったことだろう．

　実際，当時の様子を伝える1903年発行の旅行ガイドブック『ベデカー　オーストリア・ハンガリー帝国』でも，この町の目的はビールばかりである．「駅の北に市民醸造所があり，平日午前10〜12時に見学ツアーがある．ここでは歴史的な地下貯蔵庫も見どころである．そこからさらに東に行ったところにはピルゼ

6.3　工業製品としてのビール　　89

ン第一醸造株式会社 Erste Pilsner Aktien Brauerei もある」といった具合である．

ピルゼンには，もともと中世以来の商業中心地として栄えた歴史がある．町の中心にある美しい市庁舎や教会をはじめとする歴史的市街地が，この町の繁栄を物語っており，その中央に位置する 139 m × 193 m の方形の巨大な市場広場では，かつてそこで活気ある商いが行われていた．近代になると，飛躍的な発展を遂げた機械工業と並んで，ビール製造業がこの町の名前をヨーロッパ中に広めることになった．機械工業については，シュコダ社が 1859 年の創業以来，製糖業や蒸気機関の製造を経て兵器製造で名をあげ，当時のオーストリア・ハンガリー帝国領内にある最大の軍需企業へと成長した．現在はヨーロッパ有数の自動車メーカーとしてチェコ経済の牽引車としての役割を担っている．

一方，ビール製造業も，第一次世界大戦後に成立したチェコスロヴァキアにおいて，チェコ語のプルゼニに名を変えたこの町の重要な産業であり続ける．第二次世界大戦後に社会主義体制下に置かれると，ビール醸造所は国有化されたが，生産の効率化が進められなかったおかげで伝統的な生産が継続された．冷戦が終わって市場経済化が進むと醸造所も民営化され，チェコを代表するビールをつくり続けている．

ビール製造は今も観光資源として重要な役割を演じている．ビール工場にはビール醸造博物館が併設されており，歴史的な地下貯蔵庫とともにビール製造の発展を詳しく理解することができる．日本語をはじめ世界各国語の資料が用意されており，多くの観光客でにぎわっている．また，醸造所直営のホテルやビヤ

プルゼニの市庁舎 (2010 年 9 月)
絵葉書にもある手の込んだ建物が都市の繁栄を物語っている．

プルゼニの市街地 (2010 年 9 月)
装飾の美しいファサードが広場に面して並ぶ．

ホールもあり，できたてのビールを飲み，ビールの香りが漂う部屋で寝泊まりできるという，ビール好きにはこたえられない町である．最近はボヘミア・ビール街道という名のルートも設定されており，プルゼニをはじめチェコ国内各地の醸造所を訪ね行く観光が人気を博している．ただし，ドライバーはそのつど宿泊を迫られることになり，ともすると旅行が予定を越えることになりかねない．ほどほどにしておいたほうがよさそうだ．

6.4　世界に広まるビール製造

　こうしてビール生産の工業化が進むにつれて，製造工程はより厳密にマニュアル化され，同じ設備を用いれば場所を選ばず同じ品質のビールがつくられるようになった．19世紀後半以降，ヨーロッパから世界各地にビール生産の拠点がつくられていったのも，工業化のおかげである．たとえば日本には1876年に中川清兵衛によるドイツの醸造技術を用いた開拓使麦酒醸造所（のちのサッポロビール）が設立されたほか，アメリカ合衆国では同じ1876年にドイツ系移民のアドルフス・ブッシュ Adolphus Busch によってバドワイザー Budweiser の生産が開始されている．中国では1903年にドイツの租借地チンタオ（青島）においてドイツ資本によるビール醸造が始められ，タイでは1939年にドイツの技術を用いたシンハビール Singha がつくられている．

　今やビールは世界各地で生産され，じつに多くの人々に飲まれている．2016年の国別ビール生産量を見ると，中国，アメリカ合衆国，ブラジル，メキシコ，ドイツがトップを占めており，上位20カ国のうちヨーロッパはわずか8カ国しかない．ビールを多く飲む習慣は依然としてヨーロッパにありながら，生産の中心はもはやヨーロッパではなく，巨大な国内市場をもつ国々で大量につくられている．ビール生産の工業化は，着実にビール消費の国際化をもたらしたのであり，ビールは世界共通の飲み物になっているのである．

　ちなみに，近年はビールの飲み方も世界に広まりつつある．ビールといえば喉越しのさわやかさが魅力の一つである．ビールはアルコール度数が比較的低いために手軽に楽しめ，世界で多くの人々に愛飲

世界のビール生産量の国別ランキング
（2016年）（キリンHPより作成）

されている．ジョッキで乾杯をして盛り上がるおなじみのシーンが思い浮かぶが，この飲み方はすでに述べたように本来のビールになかったものであり，にぎやかな雰囲気のなかで豪快に飲むスタイルは，ミュンヘンで始まったオクトーバーフェストで広まったものである．この巨大なビールの祭典は，ドイツのビールイメージとも重なり，ドイツの食文化のシンボルともなった．

　ドイツ料理店といえば，南ドイツ・ミュンヘンの伝統文化を前面に出したところが多いのも，それが理由といえる．大きなジョッキでドイツビールをあおるように飲みながら，音楽演奏やダンスを見たり，一緒に参加したりして大いに楽しむ．男性は革のズボンやジャケット，女性はディアンドルと呼ばれるワンピースなど南ドイツの伝統的なコスチュームが好んで着用され，南ドイツ特有のブラスバンドの演奏もつく．インテリアはドイツ・バイエルン州の旗のデザインである水色と白の市松模様で彩られている．ミュンヘン名物の白ソーセージやクネーデルと呼ばれるジャガイモ料理，ブレッツェルと呼ばれる独特の形をしたパンを口にしながら，ミュンヘンの醸造所のビールを飲む．まさにドイツのビヤホールの典型的なスタイルである．

　このパターンが，今や世界各地で陽気なビール祭りとして人気を博している．日本でも，東京や横浜など大都市でオクトーバーフェストが開催され，大勢の客を集めているし，アメリカ合衆国でも近年，国内各地で相当な数のオクトーバーフェストが開かれている．たとえばロサンゼルス大都市圏だけでも10カ所を数える．1960年代から毎年開かれており，ロサンゼルスに住むドイツ系移民団体やNPO，行政や商工会議所など運営はさまざまである．ただ，どれにも共通す

アメリカ合衆国のオクトーバーフェスト
ロサンゼルスで毎年開催されるオクトーバーフェストの広告．

るのは，ビールはもちろん，衣装や歌，踊りなどミュンヘンのものをできるだけアピールして，オクトーバーフェストのオーセンティシティ（真正性）を強調している点である．アメリカ合衆国国内には多くのドイツ系移民を先祖にもつ人々がいるため，このようなイベントには大きな関心が寄せられているのだが，それだけでなく，グローバル化が進む現代世界において，個性ある地域文化への関心

が高まっていることも背景にあげられる．

　もともと南ドイツのミュンヘンで始まったオクトーバーフェストが，今や大仕掛けのビール祭りとして世界各地で大勢の客を集めている．観光やメディアなどによってオクトーバーフェストという伝統文化は大衆に受け入れられる一方で，本来あった意味や目的は弱められ，明らかに異なる性格を帯びている．じつは，このような変化は世界各地で起こっている．地域固有の伝統文化がもともとの地域を離れてその性格を変えている例には，たとえば世界各地で行われるカーニバルをはじめ，国内各地で繰り広げられている阿波踊り，世界的に人気上昇中のよさこい祭りなど，探してみると結構ある．

　こうした伝統文化の変質に注目した概念として，20世紀後半のドイツ民俗学で提起されたフォークロリズムの概念をあげておきたい．これは，伝統的な生活文化が現代において新しい意味づけがなされ，シンボリックなもの，あるいはデモンストレーションの性格をもつものに変化していることを説明する概念である．現代世界では伝統文化はしばしば政治活動や経済活動の手段として利用されることが少なくなく，それが本来の姿として人々に受け止められたりする．こうした例は今後も増えるはずで，ビールの飲み方も意味を変えながら世界で共有されるようになり，いずれそれが伝統的なものとみなされるようになるのだろう．

　ビールを飲む文化にまで話をひろげてしまったが，ヨーロッパの伝統産業として発展してきたビール製造が，19世紀の工業化とともに世界各地で行われるようになり，ヨーロッパを離れて各地で飲まれるようになった経緯は，まさにヨーロッパの工業が歩んできた道のりそのものといえる．ヨーロッパは18世紀後半の産業革命を経て，世界で最初に工業化を経験した地域である．このことは，当時，ヨーロッパだけが工業製品をつくっていたことを意味する．言い換えれば，ヨーロッパの工業製品とはヨーロッパ特有の製品だったということになる．ヨーロッパの工場でつくられた製品は世界各地へと輸出され，ヨーロッパ諸国はこれによって経済発展を遂げてきた．やがてこれらの製品が出まわった地域でも同様の製品が生産されるようになり，ついには世界各地で共通の製品になっていった．ビールをはじめヨーロッパの工業製品が世界各地でつくられるにつれて，ヨーロッパの生活文化も世界各地に広まっていったのである．

　近代における工業化の発祥の地であるヨーロッパは，現在も世界屈指の工業力を誇り，工業出荷額は世界トップクラスである．しかしその反面，世界における工業生産の競争は激しさを増しており，大手企業がしのぎを削る状況になっている．企業の合併や買収M＆Aが国際的に行われるようになり，たとえばチェコ

では，自動車メーカーであるシュコダが1991年にドイツのフォルクスワーゲンの子会社になり，ピルスナー・ウルケルを製造するビールメーカーは，2016年に日本のアサヒグループホールディングスの傘下に入っている．しかしもちろん，伝統あるメーカーの名称はブランドとしてあり続け，技術が継承され，従来通りの生産が続けられている．ビールについては，長く親しまれてきたビールの味わいがメーカーにとって大きな資産であることは言うまでもない．

店頭を飾る地元産のチーズやハム・ソーセージ（2013年9月）
北イタリア・ボルツァーノの市場では，伝統的なチーズ「グラノ・トレンティーノ」やハム「チローラー・シュペック」など地元の製品が人気である．

最後に，ビールのように地域特有の伝統的な食品が，現在ヨーロッパではEU主導で積極的に保護されていることに触れておこう．1992年に発足した原産地名称保護制度は，特に農産加工品の名称を保護し，従来からの伝統的な原料や製造方法，製造場所で規定できる生産物だけに固有の名称を認め，品質の低下を防ぐことが目的になっている．この制度のうちで最も厳しい基準である原産地呼称保護PDOの対象として認定されているものは，パルミジャーノ・レッジャーノのようなチーズやプロシュート・ディ・パルマ Prosciutto di Parmaといった著名な食品が含まれている．2019年2月に発効したEPAによって日本・EU間の関税が大幅に撤廃されることになった．今後はこれらヨーロッパの食が，一段と日本国内でも共有されるのは楽しみなところである．

ヨーロッパは，世界最先端の産業が集積した地域である一方で，伝統的な製法を継承し，高い品質の製品を生産する地域固有の産業が保たれている点に特色がある．ヨーロッパ各地に個性あるビールを生産しているビール製造業にヨーロッパの工業の姿を見出すことができるのである．

第7章

多文化社会を
エスニック料理で読み解く

7.1　急増する外国人

　ヨーロッパでは近代以降，世界各地との間にきわめて多くの人々が行き交ってきた．特に18世紀後半以降，膨大な数の移民がヨーロッパから大西洋を越えて新大陸に移動するなど，ヨーロッパ以外の地域への人の流出が目立った．また第二次世界大戦後にもイスラエル建国によるユダヤ人のパレスチナへの移住や，東ヨーロッパから追放されたドイツ人の新大陸への移動が起こった．ヨーロッパは長らく大量の移民が流出する地域だった．

　それが20世紀後半になると状況は一変する．ヨーロッパは世界各地から人が流入してくる地域に変わったのである．仕事を求める人々にとってヨーロッパは魅力ある場所になり，特に西ヨーロッパ諸国が外国人労働者を迎え入れる政策をとったために，西ドイツにはトルコ人，フランスには北アフリカのマグレブ諸国（アルジェリア，チュニジア，モロッコ）出身の人々が大量に流入し，彼らの多くはそのまま定住するようになった．1990年代以降は，EUの拡大とともにさらに多くの人々が豊かな暮らしを求めてヨーロッパを目指したことから，ヨーロッパには多くの外国人が住むようになった．今や，アフリカや西南アジア，南アジア，さらに東南・東アジア出身の人々が同居するのがヨーロッパ，ともいえる状況になっている．

　実際，ヨーロッパの国々に住む外国人の数は，想像を超えるレベルに達している．たとえばドイツでは865.2万人で総人口の10.5％を占めるほか，イギリス564万人（8.6％），イタリア502.6万人（8.3％），スペイン441.8万人（9.5％）というように，いずれも多くの外国人が住んでいる．また国籍別に見ると，ドイツではトルコが135.2万人，ポーランド70.4万人の順になる．イギリスではポーランドが93.2万人で多数を占めるほか，インド36.8万人といった具合である（いずれも2016年）．

　なかでも注目されるのが，ヨーロッパ以外の地域出身者が増えていることであ

EU加盟国の国別外国人人口（2017年）

国名	総人口（人）	外国人人口（人）	外国人率（%）
アイルランド	4,784,383	564,884	11.8
イギリス	65,808,573	6,071,093	9.2
イタリア	60,589,445	5,047,028	8.3
エストニア	1,315,635	196,344	14.9
オーストリア	8,772,865	1,333,239	15.2
オランダ	17,081,507	914,997	5.4
キプロス	854,802	140,384	16.4
ギリシャ	10,768,193	810,034	7.5
クロアチア	4,154,213	45,951	1.1
スウェーデン	9,995,153	841,165	8.4
スペイン	46,527,039	4,419,621	9.5
スロヴァキア	5,435,343	69,695	1.3
スロヴェニア	2,065,895	114,438	5.5
チェコ	10,578,820	510,841	4.8
デンマーク	5,748,769	484,934	8.4
ドイツ	82,521,653	9,219,989	11.2
ハンガリー	9,797,561	150,885	1.5
フィンランド	5,503,297	242,003	4.4
フランス*	66,989,083	4,638,556	6.9
ブルガリア	7,101,859	79,395	1.1
ベルギー	11,351,727	1,346,358	11.9
ポーランド*	37,972,964	210,328	0.6
ポルトガル	10,309,573	397,731	3.9
マルタ	460,297	54,321	11.8
ラトヴィア	1,950,116	279,446	14.3
リトアニア	2,847,904	20,117	0.7
ルクセンブルク*	590,667	281,246	47.6
ルーマニア	19,644,350	114,462	0.6
合計	511,521,686	38,599,485	7.5

*推定値もしくは暫定値（EUROSTATより作成）．

る．これまでヨーロッパにほとんどなかった言語や宗教，生活様式，価値観をもつ人々が流入してきたことによって，ヨーロッパでは今，異なる文化をもつ外国人とどのように接してゆくのかが問われているのである．

　ヨーロッパには古くからヨーロッパ固有の人々が暮らし，それぞれの国はその国の文化をもつ人々で構成される．イギリスにはイギリスの文化をもつイギリス人，フランスには先祖代々フランスに住むフランス人がそれぞれ国民をなしている．そういうとらえ方はもはや過去のものであることが，こうした数字を見ることによって思い知らされる．

　ヨーロッパに多様な文化が新たに流れ込んでいる様子は，景観からも容易に確認できる．そもそもヨーロッパは教会や民家のような伝統的建造物をはじめとする地域固有の景観が生み出され，維持されてきた地域である．ヨーロッパではどこに行ってもヨーロッパらしさを感じることができるが，それはキリスト教をは

じめ，ヨーロッパ固有の伝統文化が景観と結びついているからである．ところが近年は，外国人固有の景観が各地に現れている．たとえばドイツでは，トルコをはじめイスラームの人々が増加するにつれて，彼らの信仰を示す景観が目立つようになってきた．2008年の時点で国内に206のモスクがあり，なかには巨大なドームとミナレットを備えた建物もあり，異彩を放っている．あるいは，トルコ語の看板を掲げた店やスカーフのようなヒジャブをかぶった女性の姿も目立っている．このような異質の建物景観が並ぶ様子を見る

ベルリンにあるモスク（2009年1月）
ドイツで最も多くのトルコ人が住むベルリンには国内最大クラスのモスクがある．

につけ，ドイツ社会はこれまでになかった文化をどう受け止めるかという課題に直面していることが感じ取れる．

一方，外国人の暮らしぶりは，彼らを取り巻く政治や経済の状況に大きく左右される．そこでヨーロッパ社会で積極的に生き抜く工夫をし，豊かな生活を獲得しようとする外国人も少なくない．より安全で満足ゆく毎日を求めて，さまざまな工夫や戦略をとってヨーロッパ社会に適応しようとしている外国人が，各地で目に見えてきている．

ここではそうした適応のための戦略としてのエスニック料理に目を向けよう．エスニック料理は彼らの暮らしと密接に関わっており，彼らが生きていくうえで欠かせない．それが料理店やエスニックマーケットで一般市民の目に触れ，彼らの生計を支えるものになっている．そこでエスニック料理をめぐる彼らの営みから，ヨーロッパに暮らし続けている外国人社会の特徴を見ることにする．なお，エスニック料理とは，彼らの出身地でなじみの料理であり，生活様式や伝統文化などとともに自己のアイデンティティと関わる料理をいう．こうしたエスニック料理と関わる外国人は，それゆえにエスニック集団とみなすことができる．

7.2 多様なエスニック料理店

たいていのヨーロッパの大都市には，外国人が集住している地区がある．そしてそこには多くの場合，何軒ものエスニック料理店がある．いわゆるエスニックタウンと呼ばれる地区である．よく知られているのがチャイナタウンで，規模の大小こそあれ，大都市ならばいずれ見つけることができる．特にロンドン（ソー

ロンドンのチャイナタウン（2016年11月）

ロンドンのチャイナタウンの中華料理店（2016年11月）

デュッセルドルフの寿司屋（2011年9月）

ブダペストの中国人商店街（2006年9月）

ホー地区）とパリ（13区）のチャイナタウンは規模が大きいことで知られている．それ以外にもベルリンのトルコ人街（クロイツベルク区）やロンドンのインド人街（サウソール地区），パリのアラブ人街やアフリカ人街（18区），デュッセルドルフの日本人街（インマーマン通り）などが有名である．そこにはそれぞれ外国人固有の料理店が軒を並べており，ヨーロッパで本格的な中華料理やトルコ料理，インド料理やモロッコ料理，レバノン料理，日本料理などを楽しむことができる．

　しかし，こうした店が目につくようになったのは比較的最近のことである．それは外国人が多くなったことが大きな理由なのだが，その間にヨーロッパの人々の間で外国の料理に対する関心が高まったことも見逃せない．たとえばベルリンにはケバブKebabを売る店やスタンドが目立ち，その経営者にはトルコ人が多い．それはベルリンにドイツで最も多くのトルコ人が住んでいるからである．ベルリンにトルコ人が住み始めたのは1960年代半ばあたりになる．それが1970年代以降，家族の呼び寄せなどで膨れ上がり，市内のクロイツベルク区はリトルイスタンブールの異名で知られるようになる．しかし，じつは1980年代になって

もベルリンにはケバブの店はほとんどなかった．店が目立つようになったのは1980年代後半あたりからになる．

トルコ人がいるのに店が目立たなかったのは，労働者の多くが男性だったからという説明がある．しかし，ケバブの店の多くは男性が仕事をしている．1980年代初めに当時の西ドイツで見聞きした経験によれば，むしろ理由は別のところにあるように思われる．ドイツ南西部のマンハイムやルール地方のエッセンなどの工業

ウィーンにあるケバブ店（2018年9月）
「ベルリンのケバブ」という名の店が客を集めている．

都市を訪れると，トルコ人が住む一角が必ずあって，市民はだれもがその場所を知っていた．そして現地の人と歩いていると必ず，「この先はトルコ人街だから行かないほうがいい」と言われた．そこには，近づく必要のない，望ましくない人々がいる，という思いが透けて見えた．それが当時のトルコ人に対するドイツ人のおおかたの見方だったことは，同じ時期，トルコ人に変装して労働者として働いたギュンター・ヴァルラフ Günter Wallraff がその実態を公にした衝撃ルポ，『最底辺』を読めば納得できる．そこにはトルコ人労働者が，社会の最底辺としてどれだけ悲惨な就労現場に置かれていたかが克明に描かれている．トルコ人が好むケバブは，当時まだ，ドイツ人にとっては望むべき料理ではなかったのである．

1980年代後半以降，ベルリンにケバブを売るスタンドやレストランが目立ってくる．ケバブは次第に人気を博し，今やベルリンの代表的な名物とまでいわれるようになった．こうした変化の背景には，観光の大衆化によってトルコに観光に出かける人々が増え，またインターネットなどによる情報量の増加によってトルコ料理への関心が高まったことがあげられる．外国の料理へのまなざしがより多くの人々の間で共有され，特定の偏見を乗り越えたのだろう．

トルコ料理店に限らず，一口にエスニック料理店といっても，その形態はさまざまである．たとえば日本人が多く住むドイツのデュッセルドルフで訪れた居酒屋は日本からの支店．一方，家族経営の寿司店もあって，どちらも日本の雰囲気そのもので居心地がいい．ドイツ人と国際結婚したタイ人女性がベルリンで開いたタイ料理店や，インドシナ紛争でフランスに移住したベトナム人がストラスブールで営業するベトナム料理店など，店に入れば東南アジアの言葉が飛び交い，そこはさながらヨーロッパの海に浮かぶアジアの島のようである．

エスニック料理店の経営の規模も多彩で，高級レストランからスタンドまであ

デュッセルドルフの韓国料理店（2011年9月）

ストラスブールの
ベトナム料理（2017年8月）
香草も添えられた本格的な
フォー・ボー（牛肉入りフォー）
は人気の料理である．

る．味もヨーロッパ的にアレンジしたものから，彼らの出身地のオリジナルのものとほとんど変わらないものまで，その幅は大きい．ただ，どのエスニック料理店もできるだけ多くの客を集めるために，さまざまな工夫を凝らしている．いくつものエスニック料理店を訪ね歩いた経験から，彼らがとっている工夫・戦略の中身を以下の4点にまとめることができる．①エスニック料理店特有の店構えをしてアピールする，②典型的な料理や著名な料理を提供する，③イメージに対応した料理店の名前をつける，そして④出身地に近い国や地域の人気エスニック料理を提供する．以下，順に説明しよう．

　まず，エスニック料理店の店構えによるアピール．これは，建物外観をアレンジしてエスニック料理店特有の景観をつくり出すものである．中華料理店は赤い柱や瓦屋根，赤い提灯など中国文化を売りに出す．トルコ料理店ではトルコ語で書かれた看板や薄切りのラム肉を重ねたケバブグリルが目につく．店頭で長いナイフを振りかざして肉をそぎ落とす光景はおなじみである．日本料理店だと日本語の看板や入口に下げられたのれん，障子や竹をあしらったショーウィンドーなどが目立つ．ヨーロッパでは市街地の景観は基本的に厳しく規制されており，路上から見える建物のファサードを全面的に変えることはできない．そのため，たいがいは部分的なアレンジにとどめて店をアピールしている．

　次に，これら料理店がとる戦略として，それぞれの料理のうちで特に人気ある著名な料理を

店頭をアレンジした中華料理店（2011年9月）

アジアを名乗るレストラン（2018年8月）　　　　　　　　　　韓国人が経営する寿司屋（2013年3月）

提供するやり方である．ヨーロッパの多くの客にとってエスニック料理はいまだ十分に把握されきっておらず，まだまだ知られていない料理が多い．そこでエスニック料理店では，知名度の高い料理に的を絞って提供している．たとえば中華料理であれば，点心や焼きそば，日本料理ならば寿司やてんぷら，トルコ料理はケバブ，タイ料理はトムヤムクン Tom yum goong やカレー Kaeng，ガパオ Phat kaphrao などが典型的な料理として人気がある．これを目当てに来店した客は，メニューを見て徐々に見知らぬ料理にも手を出すようになる．こうしてさまざまなエスニック料理が受け入れられていくことが期待されている．

　エスニック料理店を繁盛させるための第3番目の工夫・戦略として，イメージを念頭に置いた店名があげられる．いかに魅力ある店の名前をつけるかで，客足は大きく異なる．そのため彼らは，ヨーロッパで自分たちがどのように見られているかを察知し，知恵を絞っている．そしてトルコ以東の地域が，古くからオリエントやアジアという名でエキゾチックな魅力のあるところとみなされていることを知ると，これらの地域のエスニック料理店には，オリエントやアジア，レヴァントなどの名前を看板に掲げるところが出てくる．カリブやサハラなどもよく見る名前だが，アジアと同様，エキゾチックなイメージで客を呼んでいる．

　最後に，現地から見て比較的同じような地域とみなされる外国の人気料理を出して利益を得る戦略があげられる．同じアジアでも寿司などの日本料理は人気が高い．そこで商品価値の高いエスニック料理を韓国人や香港人の店が提供するケースが少なくない．実際，ヨーロッパにあるかなりの数の日本料理店は，同じアジア出身の外国人が経営している．チャイナタウン研究者の山下清海は，このように近隣の食文化を売る業態がエスニック料理店にかなり共通して見られることから，これを借り傘戦略と表現している．

　以上のように，ヨーロッパに暮らし続ける外国人の姿をエスニック料理店に垣

間見ることができる．長い歴史のなかで育まれてきた文化があふれるヨーロッパにおいて，彼らは自身の文化をアピールすることによって生活を成り立たせている．エスニック料理店は，まさに商品化されたエスニック文化のショーウィンドーともいえるだろう．

7.3 ふくらむエスニックマーケット

　近年，ヨーロッパの大都市で増加傾向にある外国人の暮らしは，エスニック料理店が集中するエスニックタウンで目に触れやすい．エスニックタウンは一般に，比較的安価な賃貸住宅が多く建て込んだ地区に多く見られる．彼らはそこに暮らし，料理店で商売をする．あるいは彼らが必要とする食料品や日用品を売る商店が並ぶ．いわゆるエスニックマーケットがあるのも，外国人が多く住むエスニックタウンの特徴といえる．

　エスニックマーケットは，文字通りエスニック集団が売り買いをする場所である．エスニック集団である外国人が店を担い，彼らに固有の商品を販売している．特有の食文化や独特の生活様式に必要な商品が売られている．

　しかし，それは大きく二つのタイプに分けることができる．一つは，買い物客も同じエスニック集団であり，彼らの暮らしに欠かせない商品を購入する場所として成り立っているマーケット．もう一つは，買い物客の多くがヨーロッパの一般市民であり，エスニック集団の食文化や生活様式に関心をもつ人々が訪れるマーケットである．

　そもそも外国人が店を出すのは，同じような生活様式をもつ外国人が必要とする食料品や日用品が売れるからである．それが，現地の人々の関心を呼ぶようになると，一般市民向けに商品が売られるようになる．その売り方に違いがあるというわけである．

ハラルを売るブルネンマルクトの肉屋（2018年1月）

　ちなみに，料理店でもこの違いは確認できる．客の多くを同国人が占める店もあれば，一般市民でにぎわっている店もある．ただ，マーケットでは店頭に商品が並べられるので，売買の様子が目に入りやすい．歩くだけで，どのような客を相手にしてどんな商品が売られているかを観察することができるからである．

ブルネンマルクトに近いトルコ系の衣料品店（2010年9月）

ウィーンのイスラームの子どもたち（2006年9月）

　実際にヨーロッパにあるエスニックマーケットを訪ねてみよう．たとえば，オーストリアのウィーンには外国人の店舗がまとまって見られる比較的規模の大きなエスニックマーケットが2カ所ある．旧市街地の西方，ギュルテルと呼ばれる環状道路に近いブルネンマルクトBrunnenmarktと，旧市街地に近いウィーン川沿いのナッシュマルクトNaschmarktである．いずれも都心から約1～3km程度の場所に位置し，19世紀末以来の住宅が建て込み，密集した市街地区にある．しかし，両者の様子を見ると，かなり対照的なマーケットであることがわかる．

　ブルネンマルクトは地下鉄ヨーゼフシュテッター・シュトラーセ駅の近く，南北に走るブルネン小路の路上，約700mにわたって両脇にスタンドが軒を並べる路上マーケットで，約170あるスタンドでは食料品や衣料，日用雑貨などが売られている．主にトルコをはじめとするイスラーム圏の人々が店舗を出しており，店舗の看板をはじめ，値札にもしばしばアラビア文字やトルコ語が書かれている．それは，買い物客のほとんどがマーケットの近くに住むイスラームの人々だからである．行き交う人々には，ヒジャブや顔を隠すチャドルを身につけた女性が目につく．周囲の建物がなければヨーロッパにいることを忘れるような異国情緒が漂っている．ウィーンの町なかにアジアがあるといった不思議さがある．

　もっとも，ヨーロッパの町なかにある路上マーケットは珍しい．ブルネンマルクトが路上にあるのは，ウィーン市が2002年に着手した市街地整備事業の一環として認可されたことによる．そのわけは一帯の住宅地に求められる．

　この付近の市街地が形成されたのは19世紀末から20世紀初

ブルネンマルクトの露店（2010年9月）

7.3　ふくらむエスニックマーケット　　103

地元の人々でにぎわうブルネンマルクト（2018年1月）

めにかけての時期．当時，ウィーンは産業化とともに経済発展を遂げていた．第3章で見たように，市内には地方出身の多くの労働者が住むようになり，当時市街地の縁にあったこの一帯には多くの賃貸住宅（アパート）が建てられた．その多くは，賃貸料が安い分，すこぶる粗末なものだった．できるだけ多くの住民を収容しようと建て増しが繰り返されたために，狭く日当たりや通気性が悪く，トイレや水道が共同でしかないような住宅が広い範囲にわたって建てられたのである．

　現在もこのあたりにはこの種の賃貸住宅が当時のまま残され，利用されている．利用者の多くは外国人や移民である．彼らは安価な労働力としてウィーンにやってきた．ドイツ語の能力が乏しいこともあってこの一帯にまとまって暮らしている．ウィーンの一般市民にとって彼らはなじみが薄く，彼らに対する関心も低い．そのため往々にして一帯は市内でも人の出入りが少なく，一般市民にとって孤立した未知で不可解な場所と見られるようになった．

　店も市民には近づきにくいところとなった．ヨーロッパの一般の商店は必ずドアを開けて入るが，それでは店内ではどのような人が何を売っているか見えない．外国人地区の店となると，一般市民にとってはなかなか入りにくく，不安材料にもなりかねない．そのままにしておくと市民社会から遊離した，いわゆるインナーシティ化の恐れもある．そこで市が率先して商売のビジュアル化をはかり，一般市民がこの地区にアクセスできるような改修・整備を行ってきた．そうして生まれたのがブルネンマルクトの路上マーケットだった．

　ウィーン市は，このマーケットを近隣に住む外国人だけでなく，一般市民のショッピングの場としても利用されることを目指し，さらには観光客が来ることも期待している．外国人と市民交流のためのイベントの支援やパンフレットやSNSを利用した広報活動も積極的に取り組んでいる．しかし，このマーケットを訪れるウィーンの一般市民の数はまだ少なめで，日常の暮らしのための食材を買う外国人居住者の姿が目立っている．アジアのムードが漂っていてとても気安く歩けるのだが，ヨーロッパの人々にとっては異質すぎる場所なのかもしれない．市民のマーケットとして定着するまでにはまだ時間がかかりそうである．

さてウィーンには，これとは別のタイプのエスニックマーケットとしてナッシュマルクトがある．旧市街地に比較的近いウィーン川を暗渠にしたところに立地し，全長約800mに及ぶ．20世紀初頭にウィーン市の公設市場になって以来，ウィーン市民のための食料を提供してきた．1960年代以降，徐々に外国人の店が増え続け，次第にエスニックマーケットとして知られるようになった．現在，約200店舗が入り，大勢の買い物客でにぎわっている．

　最寄りの地下鉄駅ケッテンブリュッケン・ガッセから都心方向へと歩くと，イスラーム圏をはじめ，近年は東南アジアや韓国などアジア系の店舗がかなり目立つ．ラム肉や香辛料，ヒツジやヤギのチーズ，さらに前菜やケバブといったトルコ料理，また中国や韓国，日本，東南アジアやインドの食材店，ロシアやギリシャ，チュニジアなど，食品を売る店はかなり多岐に及ぶ．威勢のいい売り言葉が飛び交うなか，あたりを見ると，買い物客の多くが外国人ではなく，ウィーン市民であることに気づく．カメラを片手に珍しげに店を眺める観光客の姿もかなり目立つ．ここでは，明らかに外国人自身のためではなく，一般市民向けに商売

ナッシュマルクトのアジア食材店（2010年9月）

ナッシュマルクトのベトナム料理店（2013年3月）

ナッシュマルクトのインド料理店（2013年3月）

ナッシュマルクトに近い中国雑貨店（2010年9月）

7.3　ふくらむエスニックマーケット

ナッシュマルクトにあるレストラン（2010年9月）　　市民や観光客でにぎわうナッシュマルクト（2013年3月）

が成り立っているのである.

　マーケットを都心方面に向かってゆくと，食材を売る店よりも料理を出す店が増えてくる．シーフードやステーキ専門店もあれば，東南アジアや中華料理，日本料理もある．全体的にエスニック料理が目立ち，一般市民や観光客でにぎわっている．ランチタイムにはビジネスマンの姿も見えるし，ディナータイムにはウィーン市民とおぼしきカップルが楽しんでいる．観光客も多い．彼らはこうした外国の文化や料理を好み，わざわざ箸を使ったり，手で食べたりする客も少なくない．店の方もわざわざ漢字やアラビア文字の表示を示し，中国風の軒を設けてちょうちんの飾りつけをしたり，マハラジャの絵を壁に掛けたりしている．まさにここでは，外国人が自らの文化をあたかも商品のようにして戦略的にビジネスを行っている．

　このナッシュマルクトがどのようなマーケットなのかは，横浜の中華街を引き合いに出すとわかりやすい．中華街では本格的な中華料理を食べることができ，また中国ならではの物産が手に入れられる．春節（旧正月）や媽祖祭のような伝統行事にも触れることができ，多くの観光客が訪れて楽しんでいる．横浜市民だけでなく，広く国内外から観光客を集めており，地名のブランド化も起こっていて，中華街をあしらった土産物も売られている．また，最近は中華街の名を借りて，日本人による中華料理店や物産展も進出しており，中華街の場所そのものが魅力を放っている．

　ナッシュマルクトでもほぼ同じことが起こっている．いまやウィーンの代表的な観光地として知られ，その名前はブランド化して土産物屋近くのマンション販売にも使われている．マーケット内に場所がとれない店が近隣に開店し，グルメを競っている．明らかにウィーン市民にとって楽しみの場所になっている．

ナッシュマルクトのくだもの店
(2013年3月)
トルコから輸入されたオレンジなどが客の目を引いている.

ブランド化するナッシュマルクト (2011年8月)

ナッシュマルクトを売りにした新築マンション (2010年9月)

　以上，二つのタイプのマーケットを比べてみると，ブルネンマルクトでは，ヨーロッパとは異なる食生活を営む人々が主役なのに対して，ナッシュマルクトでは，自らの食文化をいかに売り込み，一般市民や観光客に目を向けてもらえるか，どのような食文化が商売になるかを見極め，積極的にビジネスにしている外国人の姿が見えてくる．なお，この二つのタイプが折衷したところもありうる．すなわち，日用品を求める外国人と一般市民が訪れるようなマーケットである．ブルネンマルクトが目指しているのはまずこの折衷型であり，将来はナッシュマルクトのような観光地化も期待されている．今後マーケットがどのように変わっていくのか，興味深いところである．

　いずれにしてもウィーンのマーケットを見てゆくと，ヨーロッパ固有の食文化がある都市において，一般市民の嗜好の多様化や異文化への関心の高まりに対応するかのようにエスニック集団が独自の食をアピールし，定着させる動きを確認することができる．まさにヨーロッパにこれまでなかった料理や食材が受け入れられ，ヨーロッパの食が多様化してゆくありさまが見えてくるのである．

7.4 二極化が進むエスニック社会

　エスニック料理店の数が増え続け，エスニックマーケットの規模も拡大してきたことから，それらの独特の景観は，今やれっきとしたヨーロッパの一部になっている．さまざまな国や地域の料理を出す店や店頭に並ぶ肉や野菜を見るだけで，ヨーロッパが世界各地から流入する人々の受け皿になっていることを知ることができるのである．

しかし，すべての外国人やエスニック集団が自身の景観を強調し，アピールしているわけではない．かなりの人口規模を擁しながら，その存在をほとんど明らかにしていない外国人やエスニック集団もいる．景観が示されていないために目で確認することができず，その存在すら十分に知られていない人々がヨーロッパにはかなりの数にのぼることも，ここで指摘しておかなければならない．

　その代表的な例がロマであろう．ロマについてはすでに第3章でふれたが，彼らがヨーロッパの大都市に比較的まとまって暮らしていることについて述べておきたい．ロンドンやパリ，ローマやアムステルダムなどヨーロッパの大都市には，どこでも一定規模のロマが暮らしている．しかし，そのことを知る一般市民は意外に少ない．市内にロマが多く住む地区があることも思った以上に知られていない．ウィーンで何人もの人々に市内のロマ地区について尋ねて，まともな回答を得たことはこれまで一度もない．一般市民の多くが彼らについて無関心であることが大きな理由なのは言うまでもない．しかしその一方で，ロマの人々が自身の存在を示そうとせず，彼ら独自の景観をつくっていないために彼らを見えにくくしているのも事実である．

　たとえば，ウィーンのザンクト・マルクス地区やブダペストのヨージェフ・ヴァロシュ区には比較的規模の大きなロマの集住地区がある．しかし，そこを歩いただけでは彼らの存在はほとんどわからない．ウィーンにはセルビアやルーマニア出身のロマが多く住んでいるが，そこには彼らは独自の暮らしを示す景観がない．彼らが自身をアピールしていないからだし，その必要もないからである．市内にはロマが経営するカフェ（ロマカフェ）もあるが，看板すら出していないところもある．以前に店を訪ねたときのこと．中に入るや数人の先客が警戒する空気が伝わってくる．店員らしい男性を探してロマの自助団体から聞いて来たと告げると，穏やかに話しかけてくれた．看板を出していないのはロマ以外の客によるトラブルを避けるためだという．差別や偏見はそれほどまでに厳しいのだ．

　もっとも，最近はロマ自身による権利の主張や差別撲滅キャンペーンなども積極的に行われている．コミュニティセンターでの住民との交流事業や，子どものための補習授業などをとおして，ロ

ブダペストのロマが住む老朽化した住宅
（2007年11月）
壁やテラスの崩落を防ぐために支柱が設けられている．

ブダペストにつくられたロマのコミュニティセンター（2009年3月）
一般市民と交流の場としてEUの補助金によって設置された．差別意識は応々にして世代間で受け継がれることから，若者の交流を通して差別の連鎖を防ぐのが目的とされている．

ロマ差別撲滅キャンペーン（2018年6月）
オーストリアのロマの自助団体自らが差別問題に取り組んでいる．

　マの社会的な地位を高める努力がなされている．また，ロマ固有の文化をアピールする作業も進められている．たとえばロマの料理を紹介するDVDがつくられ，広く配布されている．観てみると，ウシやブタの内臓肉を使った料理，味付けに工夫をしたものなどが紹介されているが，ビーフシチューのグーラッシュGulaschやザウアークラウトSauerkrautとソーセージを煮込んだ料理など，基本的にはオーストリアの料理が並んでいる．ロマ自助団体によれば，料理を通じてロマのアイデンティティを高め，またオーストリアにおけるロマへの関心を高めることが期待されているとのこと．自身をアピールする機会をもつことの重要性が強調されている．

　何しろロマには長く排斥の対象とされてきた歴史があり，ヨーロッパ社会で厳しい立場に置かれてきた．第二次世界大戦中のナチスによる虐殺や，戦後の東ヨーロッパ諸国でのロマに対する強制定住政策など非人道的な行為による被害を受けてきた．現在でも彼らの生活文化への一般市民の関心は概して低く，同じ町に住むことを望まない人々がかなりいるというのが現実である．ロマに対する無関心や無知が偏見をはびこらせ，差別意識をもたらしているのである．

　この点では，近年話題になっている難民も同じような状況にあるように思われる．シリアやリビアなどヨーロッパ近隣の国々から流入する難民のほとんどは，ヨーロッパに独自の生活文化をもちこんでいる．しかし，彼ら自身の食の景観はほとんど見られない．難民の多くが一般市民の否定的な態度を実感しているなか，自身を積極的に売り込む行動がないのは当然といえるだろう．

オーストリア・ブルゲンラント州の町オーバーワートにあるロマの補習教室の教師と子どもたち（2018年6月）

　ヨーロッパには世界各地からやってきた外国人やエスニック集団が暮らし，その数は増える一方である．しかし，トルコ人やインド人，中国人や日本人のように自分たちの文化を商品化してビジネスができる外国人やエスニック集団がいる一方で，ロマや難民のように差別を受け，あるいは排除の対象となるような人々は，自身の存在をアピールすることを望ましくないと考え，そうする必要性を見出していない．自身を積極的にアピールしてエスニック料理店を出せる人々と出せない人々がいるのである．

　ヨーロッパに住む外国人といえば，モスクやエスニック料理店のように独自の景観をもち，姿が見える人々に限定して考えがちである．しかし，実際にはそうした景観を示さず，姿が見えない人々も多数いる．もちろん，姿が見えるからと言って，誰もが戦略を練って成果を得ているわけではない．しかし，多くの不安や不満を抱える人々は，往々にしてその姿が見えにくい．外国人などエスニック集団との共生は，そうした人々に目を向けることで初めて実体をもつものになるのだろう．今話題の多文化共生の課題は，まさにこうした弱い立場に置かれた人々といかに連携してゆくか，にあることを心しておくべきだろう．

第 8 章
地域の個性化を
トウモロコシで読み解く

8.1　地域の個性が目立つヨーロッパ

　多様な言語や文化からなるヨーロッパでは，EUによる地域統合が進められる一方で，国や地域それぞれの個性が歴然とあり続けている．国境を越えた人や物の移動が自由化することによって，生活物資はもちろん，人々の暮らしのスタイルや価値観も着実に共有される傾向にある．その反面，それぞれの国や地域で長く保たれてきた文化や社会に，依然として他の国や地域とは異なる個性が残されているのも事実である．

　それを国単位で見れば，国ごとに公用語が定められ，それぞれの教育制度や福祉制度があり，独自の歴史や文化が継承されている．さらに小さな地域に目を向けると，たとえばドイツを構成するバイエルンやスペインのカタルーニャ，フランスのアルザス，イギリスのスコットランドのように言語をはじめ独特の伝統文化や生活習慣を維持している地域が見えてくる．さらに目を凝らすと，アルプス山中に伸びる谷ごとに異なる民族衣装や方言が現れてくる．

　実際，ヨーロッパを旅すると，こうした地域的な多様性を実感することができる．訪れる国ごとに歴史が異なり，それぞれ固有の伝統文化が垣間見られる．同じヨーロッパでも人々の暮らしの違いに触れることができる．都市の建物や農村の民家，伝統ある地場産業など，どれも旅する者に心地よい

ブレンナー峠（2016年10月）
アルプスの分水嶺（1370m）をトンネルなしで越える．右の白い石（矢印）が国境を示す．歩道があるのがイタリア．手前はオーストリア．

8.1　地域の個性が目立つヨーロッパ　　111

驚きとともに好奇心を掻き立ててくれる.

　かつてヨーロッパを北から南に向かって旅したゲーテ Johann Wolfgang von Goethe は，道中で覚えた感動を克明に記録している．1786年にドイツ中部の町ワイマールからイタリアのローマを目指した旅の記録『イタリア紀行』には，地域ごとの特色がじつに仔細にわたって描かれている．ヨーロッパの北と南を分けるアルプスの分水嶺ブレンナー峠を越えると，すぐに地中海世界の空気をかぎ取り，人々の様子の違いに気づく．アルプス以北では目立たない古代ローマ帝国に由来する建物，山岳地方とは異なる開放的な雰囲気，人々との顔つきや健康状態の違いなど，旅の記録は自然や歴史，生活様式などの違いに及んでいる．

　今日，ゲーテの足跡をたどってみれば，南ドイツからオーストリアとイタリアの国境をなすブレンナー峠を越えてイタリアを南下してローマに至る間，ドイツ語からイタリア語，プロテスタントからカトリック，木骨造と呼ばれる木組み民家や，丸太小屋が目立つ集落から石造民家へと文化の移り変わりが体験できる．ゲーテほどの鋭い観察力がなくても，旅行すればアルプスの北と南の歴然とした違いに誰もが気づくはずである．

　こうした地域の多様性を満喫できるのがヨーロッパである．ちなみに，わざわざ長旅に出なくてもこうした多様性を体感できるところがある．ヨーロッパ各地

野外博物館で実演されるパン焼き
(2011年8月)

オーストリア野外博物館の丸太小屋
(2011年8月)

野外博物館のソーセージ (2011年8月)

にある野外博物館は，多様な地域の個性を理解する格好の場所である．たとえばオーストリア南部の都市グラーツの北西約 10 km にあるオーストリア野外博物館．ここにはオーストリア国内各地の民家が展示されている．北海道とさして違わない大きさのオーストリアの国土に，地域ごとにきわめて多様な民家があることがわかるほか，刺繍づくりや時計づくりなど地域独特の生業が実演されていて，ローカル色が味わえるような趣向が凝らしてある．同じ丸太小屋でもそのデザインには驚くほどの多様性があり，ザルツブルクやチロル，シュタイアマルクなど国内各地に個性ある文化が育まれてきたことを目で確かめることができる．

では，ヨーロッパにはなぜ，これほどまでに個性ある地域が見られるのだろうか．住民の生活文化や産業，景観などが地域の個性をもたらしていることを踏まえると，地域文化の一つである食も，当然ヨーロッパの地域的多様性と深く関係しているだろう．そこでここでは郷土料理や名物料理といわれるような地域固有の料理を念頭に置きながら，北イタリアの料理で知られるポレンタ Polenta と，その材料であるトウモロコシに着目して，ヨーロッパの地域的個性との関わりについて考えてみよう．

8.2　トウモロコシとポレンタ

トウモロコシ *Zea mays* は中部アメリカ原産の作物である．新大陸に進出したスペイン人の目にとまり，ヨーロッパに運ばれるとさっそく栽培が始められた．まず 1525 年にスペインで栽培された記録があり，続いて東地中海方面へと伝えられ，さらにその後，ヨーロッパ南部一帯に栽培が広がっていったようだ．トウモロコシはトルコムギ（イタリア語で Granoturco，ドイツ語で Türkischer

中央アメリカやアンデス山脈から，ヨーロッパ，アジア，アフリカへと伝播

トウモロコシの世界伝播[7]

Weizen) とも呼ばれるが，それはトルコ方面から伝わったからだとか，ヨーロッパでは外来のものをトルコ産と呼ぶからだとか，諸説紛々としている．

いずれにしても18世紀以降，その収穫率がきわめて高いことから，特に地中海沿岸地方からバルカン半島にかけての栽培条件の見合った地域で，食料としてトウモロコシは大々的に栽培されるようになった．特に貧しい農民向けに栽培は積極的に推奨された．その最も有名な例が，ハプスブルク帝国の女帝マリア・テレージア Maria Theresia によるトウモロコシ増産政策（18世紀半ば）である．

スロヴェニアのトウモロコシ畑（1992年9月）
コゾレツと呼ばれるスロヴェニア独特の伝統的な納屋が見える．

当時，ハプスブルク帝国はヨーロッパ東部に広大な領土をもつヨーロッパ屈指の大国だった．しかし，イギリスやフランスに比べて産業の発達が遅れ，都市も未熟だった．そこで，帝国は農業を国家経済の柱に位置づけ，コムギなどを生産して西ヨーロッパ諸国に輸出する政策をとった．当時すでに美食への関心が高まっていたフランスに向けて，コムギをはじめ，ガチョウを大量に飼育してフォアグラを生産し，輸出した．この結果，東ヨーロッパは，西ヨーロッパのグルメを支える食材の供給地になっていった．ちなみに，この生産構造はその後も継続されており，ハンガリーは今もフォアグラの世界的な生産地であり続けている．

輸出品としての農産物生産を拡大するために，帝国では大規模な農業開墾が進められ，労働力として多くの農民を小作人として利用し，彼らのために大量の食料を確保する必要が生じた．そこで目をつけたのがトウモロコシだった．栽培が比較的容易で，空腹から逃

ヨーロッパのトウモロコシ栽培地域（1913年頃）[9]
イタリア北部からバルカン半島方面に栽培が集中している．

オーストリア東部・ブルゲンラント州の農家のトウモロコシ
(1984年9月)

ペラグラの症状[11]

れることができたことから，トウモロコシは農民の食料の要となった．特に貧困な農民は，トウモロコシの粉をゆでたポレンタを唯一の食料とする暮らしを続けた．このあたりの経緯はプロイセンのジャガイモとそっくりである．

しかし，ジャガイモと違うのは，北イタリアやバルカン半島でトウモロコシを食べた農民の間で，ペラグラ Pellagra という病気がにわかに猛威を振るうようになったことである．この病気にかかると，日光に当たった皮膚に発疹が現れる．一見すると皮膚病のように見えるものの，次第に疲労や不眠が顕著になり，さらには脳の機能不全による錯乱，幻覚が起こり，ついには死に至る．18世紀頃から各地で発生し始めたこの得体の知れない病気は，農民を恐怖と絶望のどん底へと突き落とした．

ペラグラの原因がわかってくるのは1926年．アメリカ合衆国の医学者ジョゼフ・ゴールドバーガー Joseph Goldberger によって，この病気が栄養失調症であることが突き止められて以降のことになる．犯人はトウモロコシと断定された．理由を簡単に言うと，もっぱらトウモロコシだけを食べていると，体内でニコチン酸をはじめとするナイアシンと呼ばれるビタミンが不足してくる．ナイアシンは体内の代謝を助けるなど生きてゆくのに欠かせない栄養素なので，結果として栄養欠乏となり，ペラグラが発症するというわけである．

こうして原因が解明されたため，以後，ポレンタを食べるヨーロッパの人々は，トウモロコシをほかの食材と合わせて食べるようになり，ペラグラの患者は大幅に減少した．しかし，20世紀半ば以降でもアメリカ合衆国南部や南アフリカ，インドなどでは，ほかの食材を手に入れられない人々が少なくなく，トウモロコシばかりを食べてペラグラを発病するケースが出ている．今もペラグラは完全撲滅には至っていない．

ところで，トウモロコシ料理といえばメキシコや中部アメリカが思い浮かぶ．

これらの地域を中心にした南北アメリカの広い範囲でトウモロコシは主食の座にある．ここではトルティーヤTortillaと呼ばれるすりつぶしたトウモロコシを薄く焼いた伝統的なパンがあり，タコスTakoなどにして大量に食べられている．肉や野菜など合わせて食べられるが，食材が手に入らなければトウモロコシだけの食事になる．にもかかわらず，これらの地域ではトウモロコシによる栄養失調症は無縁であり，ペラグラを恐れることもなかった．

では，なぜヨーロッパではペラグラが流行したのか．その理由はトウモロコシの処理の仕方にあった．原産地でもある中部アメリカでは古くからトウモロコシを常食としてきたが，その際，トウモロコシの粉をアルカリ処理して食べる工夫がなされてきた．トウモロコシの粒を消石灰や木灰のようなアルカリ水でアク抜きし，それをすりつぶして生地をつくる．そうするとナイアシンの欠乏症にならずにすむ．長い年月にわたって育んできた生活の知恵が，トウモロコシを主食としながら栄養失調症にかからない調理法を生み出してきたのである．

ところが，トウモロコシを持ち込んだヨーロッパには，そうした生活の知恵までは一緒に伝えられなかった．ヨーロッパではアク抜きをしないトウモロコシを粉にして，そのままゆでて粥のようにして食べていた．このトウモロコシでつくった料理がポレンタであり，ポレンタを食べているところでペラグラが大流行することになった．

しかし，それにしてもヨーロッパでそのような食べ方がなされてきたのには理由があるのではないか．じつは，ポレンタはそもそもトウモロコシではなく，ソバ*Fagopyrum esculentum*やタカキビ（モロコシ）*Sorghum bicolor*などの雑穀で

オーストリア南部のソバ畑（2018年8月）

つくられていた．ヨーロッパには12〜14世紀頃に中央アジアからソバなどの雑穀が伝わり，山間地などで栽培され，農民たちの食料として利用されてきた．それらは粉にしてゆでて粥のようにして食べられ，北イタリアではポレンタ，スロヴェニアではジュガンツィŽganci，ルーマニアではママリガMămăligăと呼ばれる伝統食として，地域の人々の暮らしを支

原産地・中国北部から東南アジア，中央アジア，ヨーロッパ，そして新大陸へと伝播

ソバの世界伝播[7]

えてきた．それが18世紀頃から国の政策などによってトウモロコシの栽培が拡大してゆくと，食材も一方的に雑穀からトウモロコシに切り替えられていった．しかし，原産地でアク抜きをしていることを知らされなかった人々は，これまでの雑穀と同じようにトウモロコシでポレンタをつくり続けたというわけである．

ちなみに，18世紀にイタリアを歩いたゲーテは，ブレンナー峠を越えたところ，現在の北イタリアのアルト・アディジェ州あたりで，現地の人々の顔色が悪いことを目撃しており，その理由がトウモロコシだけを食べる偏った食生活によるものだと，先述の『イタリア紀行』に記している．

「ブレンナーから下ってゆくうちに夜が明けると，さっそく私は人間の体格がすっかり変わっているのに気がついた．特に婦人たちの褐色がかった青白い顔色が私には感心できなかった．その容貌は生活の窮乏を語っていた．（中略）私はこの病的状態の原因が，玉蜀黍や蕎麦を常食とする点に見出されるように思う．玉蜀黍はここでは黄ブレンデと言われ，また蕎麦は黒ブレンデと言って，どちらも挽き砕いてその粉を茹でてどろどろのお粥にし，そのまま食べるのである．」[12]

オーストリア南部のタカキビ畑（2018年8月）

ここで重要なのは，食料の選択の機会が著しく限られた貧困な人々の間でペラグラが発症した点である．ゲーテが見たのは，国家経済の発展の陰で犠牲を強いられた人々の姿だった．まさに社会の

弱者の間に病気が蔓延したわけで，ペラグラは社会の不平等や食の不平等と対応して起こったということができる．多くの犠牲者を出したのち，1930年代以降，治療法は確立され，この病気は徐々に忘れ去られていく．しかし，先述のように，今でもインド南部やエジプト，南アフリカの貧困な人々の間でペラグラはしばしば発生している．

8.3　人々に共有される料理

　ポレンタは今も現地の家庭でごく日常に食べられている．その一方で，むしろポレンタはれっきとしたイタリア料理としてのほうが知名度は高いだろう．レストランなどで肉料理などの付け合わせとしてよく出される代物である．粗挽きのトウモロコシの粉を沸騰した湯やだし汁に振り入れ，鍋の底に焦げつかないように捏ねながら煮上げてつくられるもので，ソースにあえながら肉と一緒に口に運ぶと，なかなかの味わいである．

ポレンタをつくる（1991年9月）

トウモロコシの粉を用意．健康と風味のため，ソバ粉もかなり入っている．

塩を加えた熱湯に粉を入れてゆく．

水分がなくなるまで煮詰めればできあがり．日本のそばがきに似ている．

しかし，これまで見たように，ポレンタは貧しい農民が食べてきたものである．それがレストランの食卓にのぼるというのは，一見不思議に見える．食選択の余地のない人々がやむなく食べてきたポレンタが，レストランのご馳走になること自体，考えにくいではないか．

　なぜポレンタはご馳走になったのか．その理由を考えるには19世紀のヨーロッパの都市で数を増やしたレストランに目を向ける必要がある．この時代，都市では外食が盛んにおこなわれるようになり，レストランの数が増えていった．そこでポレンタが出され，多くの人々がこれを食べるようになった．これがご馳走ポレンタ誕生の経緯になる．しかし，それだけではさすがに納得しにくい．もう少しくわしく見てみよう．

　ヨーロッパ，特に西ヨーロッパの都市では，18世紀後半以降，レストランの数が増えてきた．その大きな契機となったのがフランス革命だった．革命によって多くの貴族が没落すると，それまで雇ってきた料理人を手放すことになった．いきおい料理人たちは自ら生計を立てざるをえなくなり，自前の料理店すなわちレストランを開店させ，一般市民を客として迎えることになった．19世紀初頭，パリをはじめ西ヨーロッパの大都市では産業化が進み始め，企業経営者やアパート経営者など富裕市民層が拡大しつつあった．彼らは貴族の暮らしを真似ることによって豊かな暮らしを実感しようとした．貴族に仕えていた料理人の手による料理を口にすることは，彼らにとって願ってもないものであり，彼らはこぞってレストランに足を運んだ．

　料理人はこうした新しい客のためにさまざまな料理を手がけた．近隣でつくられる作物や，土地固有の料理も彼らのレパートリーの一部になっていった．イタリア北部のミラノでは，容易に手に入るトウモロコシでつくるポレンタに目が向けられた．イタリアではすでにパスタが人気を博しており，その味や口当たりが似たものを探していた料理人たちの目に留まったのである．この町では19世紀初頭にコトレッタ，いわゆるカツレツが生み出されるが，そ

レストランで供される黄色のポレンタ（2018年12月）

8.3　人々に共有される料理

の付け合わせにポレンタが選ばれた．たとえばポレンタのカツレツCotoletta di polentaは，あっさりしたポレンタと牛肉との相性のよさが際立っており，ミラノをはじめ北イタリアの定番の料理になっていった．

こうして19世紀当時，農村では唯一の食べ物として農民が手で食べていたポレンタは，テーブルクロスに置かれたカツレツとともにフォークとナイフでいただくご馳走となった．肉とともにポレンタを食べる彼ら富裕市民層にとって，ペラグラがまったく無縁のものだったことは言うまでもない．

話はまだ終わらない．外食をするグルメたちは，レストランをあちこちめぐってはおいしい味を嗅ぎ出していく．やがて特定のレストランが評判を得て，多くの客が出入りするようになると，他の店も同じような味や盛りつけをして客を得ようとする．すると，ミラノ風カツレツといえば，薄く伸ばした子牛のフィレ肉を，バターを加えてからりと揚げてポレンタと一緒にいただくもの，といった具合に，料理は一定の味と盛りつけを備えたものになってくる．つまり，最初はそれぞれの料理人がさまざまな試行錯誤で独自のカツレツをつくっていたのが，やがてカツレツの人気が出てくると，一定の味と盛りつけをしたものに定まってくる．言い換えれば，外食によって料理は標準化の方向へと変化してゆく．

このように特定の料理が標準化していく流れは，じつは外食で出されるいろいろな料理によく見られる傾向がある．身近例をあげるとわかりやすい．たとえば国内各地にある名物ラーメン．札幌，喜多方，佐野，東京，尾道…．どれもそれぞれの味や具材に特徴があるわけだが，いずれにも共通するのが外食で提供されながら人気が出たこと．ラーメン店同士が本物の東京ラーメンを競い，やがて人気店が絞られ，これぞ東京ラーメンという特定のかたちが共有されるようになる．外食によって誰もが特定の味と盛りつけのラーメンを求めるようになってゆくのである．

逆に，外食で提供されていない料理はそうなっていない．たとえばあまり外食化していないものに正月の雑煮がある．雑煮は家庭で食べるのが一般だろう．それぞれの家で味も具も異なり，代々受け継がれてきたもので，その家ならではの雑煮が出されている．嫁に行ったらその家の味を覚える習わしが今も生きているのは，雑煮の味がその家の人間だけで共有されているからである．

話が横道にそれたが，外食が盛んになるにつれて食の標準化が進み，これによって人々の間に共通の料理が生まれてきた．それがやがて自分たちの町の料理，郷土の伝統料理として認識されるようになっても不思議ではない．19世紀のこの時代，特定の人々にとって固有の料理の存在は，当時各地で高まりつつ

あった地域意識や市民意識，民族意識や国民意識を刺激し，政治的な動きとしばしば連動した．地域固有の料理が，人々に共通の帰属意識を定着させる手段として用いられることも少なからずあった．19世紀半ば以降，鉄道の発達とともに人の移動が盛んになると，国や地域，都市の違いを実感できる人が増えてきた．そのことが「われわれ意識」を醸成させるきっかけとなり，政治的なまとまりを強めてナショナリズムの動きへと発展させることへとつながっていった．伝統料理はまさにそうした文脈において，人々の意識を結びつける役割を果たしたのである．

ひとつ有名なエピソードをあげておこう．南イタリアではピッツァは古くから食べられてきた料理だが，もともとは小麦粉を練った生地に，容易に手に入る小魚などを載せて焼いた簡単なものだった．それが一変する出来事がナポリで起こる．1861年に統一をなしたイタリア王国のウンベルト1世国王夫妻 Umberto I が1898年にナポリを訪れた際，ピッツァ職人ラファエレ・エスポジト Raffaele Esposito がイタリア国旗にちなんでバジル（緑），モッツァレラチーズ（白），トマト（赤）を使ったピッツァを出した．これに歓喜した王妃にちなんで命名されたのがピッツァ・マルゲリータ Pizza Margherita となる．以来，マルゲリータがイタリア国民にとって最もなじみあるピッツァの一つになっていくが，そこにイタリア人意識や国民意識が絡んでくることは容易に想像がつく．

このようにヨーロッパ各地に見られる固有の料理には，19世紀ヨーロッパの各地で高まっていった地域意識やナショナリズムの動きと連動したものが多い．地域集団や民族集団がかたちづくられていく際に，他者との違いをはっきりさせ，自分たち意識（アイデンティティ）の拠りどころとして固有の料理がしばしば強調されたのである．

東ヨーロッパでも19世紀以降，各地で民族意識の高まりと連動した料理が少なくない．いずれも自分たち自身を実感するための料理が各地で強調されてきた．それがハンガリーではグヤーシュであり，ウクライナではボルシチになる．あるいはスロヴァキアで

ドイツのナショナルディッシュ ザウアーブラーテン（2011年9月）

スロヴァキアの国民食ブリンゾヴェー・ハルシュキ（左、2018年8月）と他のスロヴァキアの料理（右、2014年9月）

は，ブリンゾヴェー・ハルシュキ Bryndzové halušky という伝統料理がこれにあたる．ジャガイモの団子（ニョッキ）とヒツジのチーズを和えた料理で，国民食と呼ばれている．首都ブラティスラヴァにある郷土レストラン，ブラティスラヴァ・フラッグシップ Bratislava Flagship でこれを注文すると，ウェイターがとてもうれしそうな顔をする．日本人がスロヴァキアの国民食を注文してくれた，というわけである．

もっともこの料理，もとはルーマニアのヒツジ飼いがスロヴァキア東部のタトラ山麓に持ち込んだものといわれ，きわめてローカルな食べ物だった．それが第一次世界大戦後にチェコスロヴァキアが独立したのち，レストランや食堂で食べることによってスロヴァキア人の間で共有され，彼ら自身のアイデンティティと結びついてきたのだという．

8.4 維持・強調される地域性

ヨーロッパ各地に見られる固有の料理は，伝統料理とか郷土料理などとも呼ばれるが，それは，すでに述べた住民のアイデンティティと関わりをもちながら形成されてきたものである．そして人々の固有の意識とともに，ヨーロッパの地域的個性を維持・強調する役割を少なからず果たしてきた．

興味深いのは，トウモロコシが入ってくる前に食べられていたソバなどの雑穀でつくられた料理が今も食べられていることである．スロヴェニアの首都リュブリャナにある郷土料理店

スロヴェニアの伝統料理ジュガンツィ
（2018年8月）
奥にあるビーフスープに落として混ぜて食べる．

アルプスのソバ料理ピッツォッケリ（1993年8月）

ソコルSokolは，スロヴェニア人をはじめ多くの観光客でにぎわっているが，ここではジュガンツィが名物料理として出されている．ビーフシチューに浸して食べると，ソバの風味に何とも言えない安心感を覚える．あるいは，北イタリア・ミラノ北方のアルプス山中の伝統料理にピッツォッケリPizzoccheriと呼ばれるソバ料理がある．ミラノ北東約80 km，アッダ川の北斜面にあるテーリオ村のホテル，コンボロComboloの看板料理になっている．麺のように細く切られ，オイルとチーズ，キャベツなどで和えられていていかにもイタリアンだが，食感はまさにソバそのものである．

　こうした伝統料理は，地域の歴史や伝統的暮らしを今に伝えており，そこに暮らす人々にとって身近で愛着のあるものになっている．アルプス周辺の地域を見てまわると，ソバやタカキビが実った畑をあちこちで見つけることができる．最近の健康志向が背景にあるものの，雑穀が今も食べられている証拠である．伝統料理は今日まで地域の人々の食に生き続けており，また地域に興味をもつ観光客に向けて提供されている．つまり郷土料理や伝統料理は，まさに地域の人々が「自分たち」を意識することと結びついている．強い愛着をもって伝統料理が受

独特の文化が売りのサラエヴォ（2018年8月）

8.4　維持・強調される地域性

ボスニアの伝統料理（2018年8月）

ピタ

牛肉や野菜をはさみ込んだパイ．ヨーグルトと一緒にいただく．

チェヴァピ

レピニャというパンに焼いた牛肉のミンチと生タマネギを添えたもの．

け継がれているゆえんである．

　ヨーロッパは，地域的にきわめて多様な個性の集まったところである．そこには歴史的な背景がある一方で，それらが今日に至るまであり続けているのは，そうした地域の個性を積極的に維持し，強化しようとする動きがあるからである．食はもちろんのこと，伝統行事としての祭りや演奏，合唱など伝統文化の維持・継承のための活動が続けられている．あるいは野外博物館だけでなく，郷土博物館のように地域の自然や歴史，伝統文化に関する資料を展示して多くの訪問者に地域の理解を促すような場所も設けられている．

　このようにして力をつけた地域意識は，ときに政治的な動きに発展し，独自性を強くアピールすることにもつながるケースが見られる．スコットランドやカタルーニャ，バスクなど固有の文化集団を主体とする政治活動はしばしば先鋭化している．しかし，多くの場合，一定の生活水準が確保されたなかで，ローカルな地域への関心を高め，愛着をもつことが，より豊かな暮らしにつながるという考えから地域の個性が維持される傾向を見ることができる．さらには，ツーリズムの発展にとって地域の魅力の発信は地域経済の発展をもたらすことから，積極的な動きも見られる．そのために，伝統文化を見直したり，あるいは発掘したりして積極的にアピールする事業も現れており，ローカルな文化は今後も強調される傾向をたどるだろう．

　ところで，こうして強調され，生み出されてきた地域の個性が共存するヨーロッパでは，それぞれの個性は当然のことながら他者の目にさらされている．自身の文化と他者の文化が見比べられ，他者の個性に対してさまざまな評価が下されている．自身の個性を強調し，他者との差別化を図ってきた人々が相互に関わ

スウェーデンから見たヨーロッパ諸国（2013年）[13]

りながら歴史を紡いできたヨーロッパにおいて，かなりはっきりとした他者イメージが定着しているのは当然といえよう．

　最近ヨーロッパで話題になった本に，ヨーロッパ各国に対するイメージを描き出した『偏見の地図』[13]なるものがある．ブルガリアのグラフィックデザイナーによる作品で，好評を博して続巻も出されている．特定の国の目でヨーロッパ各国に対するイメージを地図で示したもので，たとえばスウェーデンから見たドイツは，ファッションと無縁の人々が暮らす国，イタリアは奇妙な身ぶりやしぐさをする人々の国，ロシアは悪党の国といった具合である．これがオランダから見るとイタリアはパスタの国，ルクセンブルクから見たフランスは，自由・平等・尊大の国となっている．まさしく偏見そのもので根拠もあいまいだが，興味深いのはこうした特定のイメージについての本が反響を呼んだ点である．それは，それぞれの国の個性に対して大きな関心が寄せられているからだろう．

　もっとも，これだけ互いに関心を寄せあう人々が暮らすヨーロッパだから，国境地域のように身近に他者がいるところではいっそうお互いに意識し合うし，そこにイメージにかなった文化があれば，おのずと好奇心が駆り立てられる．一つ

8.4　維持・強調される地域性　　125

例をあげよう．

　現場は先にゲーテで話題にしたイタリアのアルト・アディジェ州．その北半部を占めるボルツァーノ自治県である．アルプス山岳地に位置し，早くからドイツ語を話す人々が居住してきた地域で，ドイツ語で南チロルと呼ばれる．その中心都市ボルツァーノは毎年クリスマスマーケットが開かれ，イタリア国内から大勢の観光客でにぎわう．中央駅前の広場を会場にして，約80もの屋台が軒を並べ，ロウソクやスパイス，おもちゃや木工細工などを求める客でごった返す．クリスマスマーケットならではのホットワインもふるまわれ，ドイツで見るものとほぼ同じだ．古くからの伝統文化として知られる行事が，ここでも開かれている．

　ところがこのマーケット．じつは始まったのが1991年．もともとこの地域になかったクリスマスマーケットを，自治県が主体になって企画したのが爆発的な人気を集め，この時期のボルツァーノ市でホテルをとるのは至難の業となった．この成功を見て，今では近隣の町でもクリスマスマーケットが開かれている．

　伝統のないこの行事が，なぜこれほどの人気を集めることになったのか．県の担当者に聞けば，この企画は当初から当たるのが十分に予想されていたという．ここがドイツ語地域なのはイタリア国内でよく知られており，クリスマスマーケットはドイツに対するイメージと重なるから，それが国内で楽しめるとあってイタリア人観光客が押し寄せるのは目に見えていたのだそうだ．実際，ミラノやヴェネツィアあたりからも大勢やって来ている．

　つまり，多くのイタリア人が抱いているイメージに合った地域文化が創り出されているわけで，それをアピールすることによってビジネスが成り立ち，地域の経済が潤っている．クリスマスマーケットに多くの観光客が訪れ，地域が活性化しているのを見ると，地域文化が地域を代表する商品のように開発されている様子を見ることができる．

　このような例は，異なる言語や文化をもつ人々が同居するドイツ・フランス国境やオーストリア・ハンガリー国境などでも確認できる．他者に向けたまなざしが，個性ある文化を強調し，それによって互いの違いを確認しあう．そうした体験が余暇やレジャー，ツーリズムと結びついている．今のヨーロッパには，文化の違いを楽しみながら自身のアイデンティティを強める傾向があるように思われる．先の偏見の地図に関心が寄せられたのも，同じヨーロッパに同居する他者に対する好奇に満ちたまなざしがあるからだろう．

第9章
グローバル化をコーヒーで読み解く

9.1 生活文化の均一化が進むヨーロッパ

　ヨーロッパが多様な文化で彩られた地域であることは，今さら言うまでもない．じつにさまざまな言語がかわされ，同じキリスト教でもカトリックやプロテスタント，正教会があり，さらにバルカン半島を中心にしてイスラームを信仰する人も多い．地域固有の文化も多彩で，ヨーロッパ各地には伝統的な衣装や踊り，歌などの個性ある文化を見ることができる．

　一方，人の移動が世界レベルで活発になり，情報が目まぐるしい勢いで伝わる現代において，世界各地の文化がほかの地域に伝わって受け入れられたり，逆に反発が生じたりしている．その結果，世界は異文化理解や多文化共生の課題に直面しているものの，人の暮らしは世界的に見て共通化の道を歩んでいる．ヨーロッパには世界共通の現象があちこちで確認できるのであり，このような均一化・共通化の動きをグローバル化と呼ぶならば，ヨーロッパはまさにグローバル化のうねりの中にあるといえる．

　さて，グローバル化の影響を受けているヨーロッパを説明するにあたって，まずヨーロッパがこれまで世界に向けてさまざまな技術や情報を発信してきたところから話を始めよう．近代以降，世界に進出したヨーロッパ人は，新大陸，アフリカそしてアジアをつぎつぎに支配下に置き，言語や宗教をはじめ，衣食住などの生活スタイルを広めていった．ヨーロッパから世界に発信されたものは枚挙にいとまがない．特に19世紀後半以降はサッカーやラグビーなどのスポーツ，あるいは映画や音楽，ファッションなどが，あたかも近代を象徴する先進的な文化としてヨーロッパから世界に伝わり，各地で受け入れられ，あるいは強制的に移植されていった．世界はまさにヨーロッパ化を経験したのである．

　それが20世紀半ば以降になると，状況は大きく変わる．特に冷戦後の1990年代以降，人やモノ，情報の世界的な流動は一段と活発になった．なかでもアメリカ合衆国は多くの情報や文化の発信地となり，世界共通の生活スタイルや技術を

もたらしている．ヨーロッパにもアメリカ流の暮らしが波及し，定着している．

そのわかりやすい例として，近年のヨーロッパで英語が急激に浸透している点を挙げることができる．ヨーロッパの国々がそれぞれ固有の言語を公用語としながら，近年はいずれの国でも英語が積極的に学習される傾向にあり，英語のコミュニケーションがかなりのレベルで可能になっている．そしてそれはイギリスから英語が広がったのではなく，アメリカ合衆国を中心にして世界的に普及した国際語としての英語がヨーロッパにも浸透したのであり，まさに世界で共通した変化とみることができる．

このことは東ヨーロッパ諸国で英語が急速に浸透したことからも確認できる．たとえば，社会主義体制が終わったばかりの1990年代に訪れたブダペストでは，英語よりもドイツ語のほうがよく通じていた．歴史的にドイツ語が使われ，社会主義時代もドイツ語が学習されていたからである．ところが2000年頃になると，若者を中心に英語が急速に浸透した．その背景には学校教育だけでなく，インターネットの普及や国際観光客の増加も大きく関わっている．国際的なコミュニケーションには英語が不可欠であることに誰もが気づいたのである．

英語だけではない．このほか人々の暮らしも大きく変わっている．老若男女を問わずジーンズが普段着となり，あるいはスニーカーでの通勤もありふれた光景になってきた．また，世界各地の料理が食べられ，ハンバーガーやピザなどアメリカから進出してきたファストフード店も増えている．ヨーロッパの人々の暮らしは国境を越えて共有され，世界各地で共通して起こっている生活文化の均一化が，ヨーロッパでも着実に起こっている．

ブダペストに進出したアメリカ系ハンバーガーチェーン店（2018年8月）
歴史的建造物にアメリカンレストランとしてオープンした．

現代世界は明らかに均一化の傾向をたどっており，ヨーロッパの食にも同様の動きを見ることができる．コーヒーもその一つである．ここではヨーロッパでコーヒーが普及する流れをコーヒーハウスやカフェ，さらには近年進出がめざましい新しいタイプのコーヒー店に注目して追いかけ，ヨーロッパで進行するグローバル化について見てみよう．

9.2　コーヒー消費の普及とヨーロッパ社会

コーヒーはアカネ科の常緑樹で，赤色の球形の果実をつける．これが熟すると

紫色になり，その中に2個の半球形の種子が実る．これがコーヒー豆である．ヨーロッパのコーヒーは，東アフリカのエチオピア南部にあるカファ Kaffa 地方を原産地とするアラビアコーヒー *Coffea arabica* にさかのぼる．ここで栽培化され，この地名がコーヒーの名称の由来とされる．575年頃にアラビアで栽培されるようになり，9世紀にはペルシャ一帯に伝わったらしい．

ジェズヴェを添えたトルココーヒーセット（2018年8月）
オスマン帝国に支配されたサラエヴォでは，今もこれでコーヒーが飲まれている．

コーヒーにはカフェインが含まれているために，その覚醒作用によって飲むと頭がさえてくるように感じる．かつて飲み物の種類が限られていた時代に，そうした飲後感があるためにコーヒーが信仰と結びつけられたことは容易に想像がつく．実際，イスラーム圏内各地に広がったコーヒーは，15世紀前半にはイエメンのイスラームの信仰において神秘体験を助ける宗教的飲料とされ，15世紀末にはメッカ，16世紀初頭にはカイロ，そして16世紀半ばにはイスタンブールへと伝わっていった．その一方で，コーヒーは日常的にも飲まれるようになり，男性中心の社交に欠かせないものになる．トルコではジェズヴェ Cezve と呼ばれる小鍋で煮立てたコーヒーを，小ぶりのデミタスカップで飲む習慣が定着した．イスラーム圏では，今もこのスタイルでコーヒーを飲む人々を，町のいたるところで見ることができる．この伝統は，かつてオスマン帝国の支配下に置かれたボスニア・ヘルツェゴヴィナの首都サラエヴォに今も脈々と生きている．

コーヒーを飲む習慣は，さらにヨーロッパに伝えられる．新大陸原産のジャガイモやトウモロコシが，ヨーロッパ人の進出とともに一気に世界各地に運ばれて栽培されたのと違って，旧大陸が原産のコーヒーは，時間をかけて徐々に各地に伝えられた．1570年以降，ヴェネツィアで薬として用いられたほか，1630年頃にはオランダやイギリス，1660年頃にはドイツ，1668年にはウィーンで飲まれるようになったらしい．17世紀のヨーロッパでは，コーヒーの消費量はかなり増加していった．ここでコーヒーハウスが生まれ，ヨーロッパの市民生活にコーヒーは浸透してゆくのだが，その前に，ヨーロッパの人々がコーヒーの栽培地を世界に広げた経緯を述べておこう．

17世紀以降，熱帯地域に植民地をもつオランダとフランス，イギリスが，それぞれコーヒー豆を手に入れることに熱を上げ，世界各地にコーヒーの栽培地が

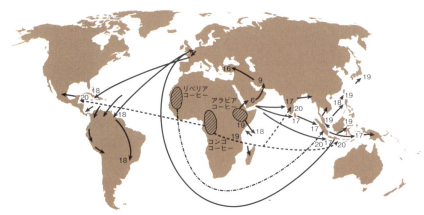

ヨーロッパ人による栽培の伝播
■オランダ商人（17世紀～）：
モカ（イエメン）→セイロン（1690）→ジャワ（1696）
→アムステルダム（種）→スリナム（1718）（→ブラジルコーヒー）

■フランス人（18世紀～）：
西インド諸島　仏領マルティニーク島
→1728ジャマイカ（→ブルーマウンテン）→1720グアドループ島
→キューバ，メキシコ，コスタリカ（→ガテマラコーヒー）

コーヒーの世界伝播[7]

つくられていく．まずオランダは17世紀以降，東インド会社を設立してアラビア半島南端の港町モカからコーヒーを積み出し，1690年にセイロン（現在のスリランカ），そして1696年に現インドネシアのジャワに持ち込んだ．ここで大々的にプランテーションにおけるコーヒーの栽培を行い，コーヒー貿易で莫大な利益をあげていく．さらにコーヒーの種を本国に持ち帰り，アムステルダムの温室で栽培を試みた．しかし，この熱帯植物から大量の豆を収穫できないことがわかると，今度は新大陸のオランダ植民地ギアナ（現在のスリナム）に豆を持って行き，そこで栽培を始めた．これが南アメリカに拡散して現在のブラジルコーヒーへと発展している．

これに続いて18世紀以降，熱帯作物の栽培地として注目された西インド諸島において，フランスとイギリスが競って島を奪い合い，ここで大規模なコーヒーのプランテーション経営を始めた．というのも，この一帯は農産物をヨーロッパに運び込むのに都合がよかったからである．北大西洋海流に乗れば，一直線にヨーロッパに行きつくことができる．サトウキビの栽培でも注目されたこの一帯では，平坦地にサトウキビ，丘陵地や山の斜面にコーヒーの栽培が行われた．

フランスはまずマルティニーク島で栽培に着手．ついで1720年には隣接するグアドループ島，さらにハイチでも栽培を拡大した．一方，イギリスは1728年にジャマイカで大規模なコーヒー園を開発する．それぞれ地域によって気候条件

や土壌の性質は異なる．これに見合うように品種が改良されていった．ジャマイカで収穫されたコーヒー豆は，香りが高く，味わいがよいことから人気を呼び，ブルーマウンテンの銘柄で世界に輸出されるまでに成長した．このほか，キューバやメキシコ，グアテマラやコスタリカも独特のコーヒー豆を生産する地域として知られるようになった．

　さて，こうして大量のコーヒー豆を得ることができるようになると，ヨーロッパでは17世紀以降，大都市や港町にコーヒーを飲むためのコーヒーハウスが続々と生まれた．1645年にヴェネツィア，1650年にオックスフォード，1652年ロンドン，1659年マルセイユ，1663年アムステルダムとデン・ハーグ，1672年パリ，1679年ハンブルク，1685年ウィーン，1687年ケルンといった具合であった．

　この当時，コーヒーは高価であり，ぜいたく品だった．だからコーヒーハウスに出入りできるのも，当初は特権階級や上流階級の人々に限られていた．しかし，18世紀後半以降，都市の発達とともに富裕市民層が増えてくると，より多くの人がコーヒーを飲みにコーヒーハウスに足を運ぶようになった．

　イギリスのコーヒーハウスは，ヨーロッパのどの国よりも早くにぎわいを見せるようになった．なにしろコーヒーを飲むと頭がさえてくるので，コーヒーハウスで人々はしばしば議論を重ね，情報交換を行う目的でやってきた．ビジネスに関する議論もあれば，市民の生活やさまざまな権利と義務といった政治・社会的な事象も話題にのぼったに違いない．おのずとコーヒーハウスは彼らの憩いの場となり，同席する者同士の社交の場と化したのは，ごく自然のなりゆきだった．

　彼らは共通の利益や関心を共有する

ロンドンの老舗パブ，クラウン（2016年11月）
1833年創業．市民が集まるコーヒーハウスの近くには多くのパブも立地した．

ロンドンのオールドコーヒーハウス（2016年11月）
中心地ソーホー地区にあり，かつての雰囲気をよく残している．

9.2　コーヒー消費の普及とヨーロッパ社会

と，趣味を通して余暇を楽しむためのクラブをつくるようになった．それはさまざまな領域に及んだ．社交や文学談議にふけるグループもあれば，ギャンブルなどに熱中する仲間たちの寄り合いもあった．また，社会への奉仕など市民社会に貢献しようとする者同士，意気投合した人々もいた．こうした集まりはしばしば規模を大きくしてアソシエーション Association へと発展し，強い連帯と経済力をよりどころにしてまちづくりや福祉など行政への働きかけも行ったりした．その結果，コーヒーハウスは，市民の安全や教育，福祉など広く市民文化や市民的公共の形成の場にもなった．

　さらに19世紀になると，労働時間の短縮によって中産階級だけでなく労働者層にも徐々に余暇の時間がもたらされ，スポーツクラブも結成されるようになった．この種のスポーツクラブとして特に注目したいのがサッカーである．1863年にイングランドにサッカー協会が設立されて，それまでパブリックスクールごとに異なっていたルールが統一されると，共通の規則で試合ができるようになり，これによって参加団体は大幅に増加した．1867年にはわずか10団体だったのが，1871年には50団体，1885年にはその数は1000を超え，1905年には1万を上まわった．これによって，同じフットボールから発展したラグビーフットボールと区別するために，アソシエーションフットボールと呼ばれるようになった．それは，ルールづくりがアソシエーションで検討されたことにちなんでいる．喧嘩が絶えなかったゲームを公正なスポーツに仕立て上げたアソシエーションを生んだのがコーヒーハウ

ブダペストの老舗カフェ，ニューヨーク
(2018年8月)
1894年創業．オーストリア・ハンガリー帝国時代の繁栄を今に残す豪華絢爛たるインテリア．

ポルトガル・ポルトの老舗カフェ
(1997年8月)
1903年創業のカフェ，ア・ブラジレイラはブラジルから持ち込んだコーヒーを出して人気を博した．

ウィーンの老舗カフェ，ラントマン
(2002年8月)
1873年創業．ブルク劇場に隣接した格調高いカフェ．

ウィーンの老舗カフェ，シュペル (2016年8月)
1880年創業．落ち着いた雰囲気の中で時間がゆっくりと流れる．

スだったのである．コーヒーを飲みながら交わされた白熱の議論が想像できる．なお，このスポーツはアメリカ合衆国にわたると，アメリカンフットボールと区別するために，アソシエーションの短縮形ソクsocから派生したサッカーという名で呼ばれるようになった．世界的にはフットボールと呼ばれる競技を，かつて日本では蹴球もしくはアソシエーションを意味するア式蹴球と呼んだが，戦後はアメリカからの影響を受けてサッカーになっている．

ヨーロッパ各地にコーヒーハウスがつくられ，市民でにぎわうようになると，イギリスと同様，そこにもクラブに類するものが生まれた．ドイツではフェアアインVereinと呼ばれるクラブ組織が多数現れた．イギリスではその後，インドや中国からの茶の輸入が拡大して茶の流通量が増えたこともあって，市民の主な飲料が茶に移行して，コーヒーハウスの伝統はやがて薄らいでいく．その一方で，コーヒーの伝統は大陸ヨーロッパにひろまった．何しろ当時のヨーロッパは，産業化をいち早く達成したイギリスをことごとく模倣していた．イギリス社会を手本にした暮らしぶりが各地でもてはやされていたのである．コーヒーハウスは，フランス語のカフェの名でヨーロッパ各地に開店していくことになる．

ブダペストの老舗カフェ，ジェルボー
(1997年11月)
1858年創業．帝国時代の趣きが今にまで伝えられている．

9.2 コーヒー消費の普及とヨーロッパ社会　133

9.3 カフェの発達と市民社会

　ヨーロッパのカフェと聞けば，たいがいは華やかな都市生活が思い浮かぶ．なかでもオーストリアのウィーンは今も多くのカフェで知られ，市民をはじめ観光客でにぎわっている．カフェではさまざまなタイプのコーヒーが飲まれ，市民の間にコーヒーが定着している様子をうかがうことができる．ここでは長い伝統が今も息づくウィーンのカフェ発達の経緯を見ながら，コーヒーをめぐって醸成されてきた市民社会に目を向けてみよう．

　ウィーンのコーヒーの歴史をめぐる話題は，じつに豊富である．たとえばかつて17世紀にウィーンの町を包囲したオスマン帝国軍が残していったコーヒー豆がウィーンのコーヒーの発端だという説がある．実際にはそれ以前にもコーヒーは飲まれていたようなので，本当のことはよくわからない．ただウィーンで19世紀にカフェの数が急増し，市民生活になくてはならないものになっていったのは事実である．

　ウィーンのカフェは，特に19世紀にその数を増やし，1819年に約150軒だったのが，1900年には約600軒を数えるまでになった．いずれもイギリスのコーヒーハウスの伝統を受け継ぎ，富裕市民層の集会やサロンなど男性の社交場として機能した．ここは富裕層を中心に文化人や芸術家，政治家，実業家，ジャーナリストたちの余暇の場所であり，彼らはここに長居をし，自宅同様にくつろいだ．19世紀後半にはカフェで議論し，執筆にいそしむ作家たちによってカフェは多くの文学作品の発信地となった．

老舗のスイーツ店デメルの屋外テラス，シャニガルテン
（2002年8月）
店先に張り出したテラスは人気スポットである．

老舗カフェ，ムゼウムのシャニガルテン（2018年9月）
ランチもディナーもできるだけ屋外が望ましい．

なお，ウィーンでは1750年以来，店の前の路上にテーブルと椅子を並べて営業することが許可されている．この屋外の座席をシャニガルテン Schanigarten といって屋外の解放感も手伝って大いに人気を博した．また，女性は単独でカフェに立ち入ることが許されず，男性同伴を常としていたが，この屋外の座席では女性も自由に腰かけてコーヒーを楽しむことができた．カフェやレストランはこぞって店の前にテーブルを並べるようになり，他の国のカフェもこれにならったので，ヨーロッパでは冬を除けば，屋外で飲食することがきわめて一般的になっている．

さまざまな業種の人々が集まり，最新の情報を得ることができるカフェでは，19世紀半ば以降，新聞が必須のアイテムになった．ウィーンだけでなく，ミュンヘンやチューリヒなどの新聞も常備されたりした．この時期，印刷技術の向上と，教育の浸透による識字率の上昇によって，新聞の発行部数が増え，カフェは新聞を読んで情報を得たり，他の客との情報交換をしたりする場所としてにぎわった．客たちは新聞を読み，お互いにおしゃべりを楽しんだ．政治や経済，文芸や科学などさまざまな話題が飛び交う場所として，カフェは多くの人々を引き付けた．

カフェではウェイターもまごまごしていられなかった．客に話を合わせることが求められ，当然ながらそれなりの知識と教養が求められた．だから，ウィーン旧市街地にある名だたるカフェ（たとえばツェントラル Central やザッハー，ラントマン Landtmann といった老舗カフェ）では，客を迎えるウェイターには客たちの会話に受け答えするだけの知識が求められていた．客層に見合ったウェイターがいたわけで，それだけに彼らにはカフェで働いているプライドがあったという．

こうしたウィーンのカフェの隆盛ぶりは，提供されるコーヒーの種類の豊富さからもうかがい知ることができる．ウィーンのカフェにはさまざまな名前のコーヒーがあり，それぞれの名

ウィーンのコーヒー
コーヒー・ミルク砂糖の組み合わせを楽しむ
（高価なもの＝ステータシンボル）

クライナーブラウナー（Kleiner Brauner）
ミルク付きのコーヒー．小カップに入れる．

グローサーブラウナー（Großer Brauner）
二杯分のブラウナー．大カップに入れる．

クライナーシュヴァルツァー（Kleiner Schwarzer）
小カップのエスプレッソ．

グローサーシュヴァルツァー（Großer Schwarzer）
大カップのエスプレッソ．

メランジェ（Melange）
コーヒーに泡立てた温かいミルクをあわせたもの．大きめのカップに入れる．

アインシュペナー（Einspänner）
コーヒーにホイップ生クリームを乗せたもの．グラスに入れ，角砂糖を添える．

マリアテレージア（Maria Theresia）
グラスのコーヒーにオレンジリキュールを注ぎ，ホイップ生クリームを乗せたもの．

クライネシャーレゴルト（Kleine Schale gold）
コーヒーに熱いミルクを混ぜたもの．小カップに入れる．

ウィーンで人気のコーヒー（2009年3月）
メランジェ（左）とアインシュペナー（右中央）

前で注文することになる．たとえばエスプレッソはシュヴァルツァー Schwarzer，おなじみのコーヒーにミルクが付くブラウナー Brauner，泡立てた温かいミルクを合わせたメランジェ Melange，ホイップ生クリームを乗せたアインシュペナー Einspänner といった具合である．砂糖やミルク，クリームなど19世紀当時，貴重なぜいたく品だったものをコーヒーとさまざまなかたちで組み合わせて飲むことを基本としており，それが一定のステータス感を醸し出していた．カフェは，コーヒーをこよなく愛してきた人々が生み出してきた伝統と見ることができる．

　ちなみに，ウィーンのコーヒーを語るうえで欠かせないのがマインル Meinl というコーヒーブランドである．フェズ（トルコ帽）をかぶる色黒の子どもを描いたロゴで知られ，ウィーンのコーヒーの代名詞ともいわれている．コーヒー商のユリウス・マインル Julius Meinl は1824年にボヘミア（現在のチェコ）に生まれ，1862年にウィーン旧市街地の一角，フライシュマルクトに店をかまえて，当初は生のコーヒー豆，のちには焙煎したコーヒー豆を販売した．当時，カフェの数は増加の一途をたどり，市民の間でコーヒーは日常の飲み物になりつつあった．コーヒーの商売は大成功をおさめ，19世紀後半には一般家庭へのコーヒーの供給にも手を広げ，ウィーン最大のコーヒー商と

マインルのコーヒー
真空パックになっており，ウィーンの味を自宅でも楽しめる．

136　第9章　グローバル化をコーヒーで読み解く

なった．息子のユリウス・マインルJulius Meinl Jr. も販路を広げ，第二次世界大戦前の1939年にはヨーロッパ各地に1000以上もの支店をもつまでになった．こうしてウィーンのコーヒーの味はヨーロッパ各地に伝えられた．

　大戦後もマインルのコーヒーは広く知られてきたが，激しい市場競争のなかで経営規模の縮小を余儀なくされ，現在は大手スーパーマーケットの傘下に置かれている．しかし，コーヒーで得た定評は絶大で，今日でもマインルのコーヒーを出すカフェには多くの客が訪れている．有名なロゴは2004年にシルエットに変えられたものの，今もカフェをはじめ町のあちこちに看板を見つけることがで

カフェの一日 (2018年8月)

①フレッシュなパンとコーヒーでモーニング，②備えつけの各国の新聞に目を通す，③定番のブラウナーで一服，④ランチはグーラッシュ，⑤午後のひと時をワインとスイーツで，⑥ディナーはウィーナーシュニッツェル．

き，ウィーンの景観の一部になっている．

　さて，ウィーンにおけるコーヒーの歴史は20世紀後半以降，変化をきたすことになる．余暇の多様化とともに市民生活に欠かせなかったカフェはその数を減らしつつある．また，近年のウィーンの観光化の勢いはすさまじく，ウィーン市統計局の資料によると，宿泊者数は1980年には458万人だったのが，2000年には769万人，そして2017年には1551万人に膨れ上がった．カフェはウィーンの重要な観光資源となり，観光ガイドブックを片手にコーヒーを楽しむ客でにぎわうようになり，もはや地元客だけのものではなくなった．ウェイターも固定客相手ではすまなくなり，誰にも愛想よく接客に応じている．

　それでも豊富な種類のコーヒーと新聞がウィーンのカフェの伝統を今に伝えている．観光客でにぎわう旧市街地から少し離れれば，カフェフンメルHummelのように地元客でにぎわう昔ながらの趣を楽しむことができる．ここでは一杯のコーヒーで思う存分，のんびりした時間を過ごすことができるのである．ウィーンのカフェは現在，約1800軒あるといわれ，保護すべき文化財として2011年にはユネスコの無形文化遺産に登録されている．

9.4　ファストフードに見るグローバル化

　ヨーロッパに普及したコーヒーは，特に19世紀以降，世界の人やモノの流れが激しくなるにつれて世界各地で飲まれるようになった．コーヒーカップに砂糖やミルクを加えてコーヒーを飲む習慣は，広く世界に定着していった．これに応じてコーヒー豆の生産量も増加の一途をたどっており，2013年の世界生産量は約892万t．そのうちブラジルが297万tでトップを占め，ベトナム，インドネ

ベトナムコーヒー（2018年12月）
コンデンスミルクとコーヒーをかき混ぜて飲む．

コーヒーを飲むマカオの人々（2016年8月）
年齢を問わずパンとコーヒーがマカオの朝食の定番である．

シア，コロンビアがこれに続く．コーヒーの生産量とともに消費量も増えており，まさに世界共通の飲み物としてますます浸透しつつある．

　たとえば世界第2位の生産量を誇るベトナムのコーヒー栽培は，フランス植民地時代の1857年に始まったプランテーションでの栽培にさかのぼる．収穫されたコーヒー豆のほとんどはフランス本国に運ばれ，さらにヨーロッパ各国に輸出された．コーヒーは明らかにフランス経済を支え，ベトナムにおける主要産業に成長した．第二次世界大戦後にフランスの支配から脱し，ベトナム戦争を経て1986年にドイモイ（市場開放政策）が打ち出されると，ベトナムのコーヒーの生産量はさらに拡大され，この国の主要輸出品へと登りつめた．

　その一方で，飲み物としてのベトナムコーヒーもよく知られている．強い焙煎による香り高いフレンチコーヒーに，酪農の発達が遅れていたことからコンデンスミルクが使用されるようになった．独特の風味と味わいが住民の間に定着し，今や毎日の暮らしに欠かせない飲み物になっている．

　このほか，同じくフランスの植民地だったラオスや，ポルトガルの影響を受けたマカオでも，コーヒーは日常の暮らしの一部になっており，マカオの朝はもっぱらコーヒーとサンドイッチが定番になっている．日本でも，飲茶の伝統があるにもかかわらず，1864年に横浜の外国人居留地にコーヒーハウスが開かれて以来，コーヒーは次第に飲まれるようになった．今日の1人当たり年間消費量を見ると，コーヒーが2432gで緑茶の847gを大きく上まわっている（2015～2017年家計調査による）．

　このようにヨーロッパから世界に広まったコーヒーを飲む習慣は，世界に共通の生活スタイルとして定着しつつあり，ごく日常的な暮らしに溶け込んできている．もはやコーヒーは，ヨーロッパの文化とはみなされないほどありふれた飲み物として各地で受け止められている．

　ところがその一方で，1970年代以降に登場してきたアメリカ資本のコーヒー専門店によって，コーヒー消費の事情は大きく変わることになった．それは，これまでにないタイプのサービスを提供するもので，どの店でもまったく同じ手順で同じ装置を使って同じタイプのコーヒーがメニューに並べられた．店のレイアウトや看板もすべての店舗で同じような仕様になっており，注文方法やメニューもかなり共通のものにした．同じ名前の店であれば，世界どこでも同じ味のコーヒーを，同じサービスを受けながら飲むことができる．このタイプの店は，消費者に世界共通のものへの安心感や満足感をもたらし，あるいはアメリカ発信の新しい生活スタイルとして各地で受け入れられていった．

たとえばウィーンでは，この種のコーヒー店であるスターバックスが2001年に1号店をオープンさせた．1971年にシアトルで創業したこのコーヒー店は，それまでのいわゆるアメリカンコーヒーではなく，ヨーロピアンテイストのコーヒーを提供した．アメリカ合衆国内で反響を呼び，さらに世界的な展開を続け，そしてカフェの町ウィーンにもやってきた．当時，この開店計画が明るみになると，ウィーン市民の間には伝統的なカフェが客を奪われる恐れがあるとして反対の声があがった．しかし，予定通り1号店が開店．場所は，こともあろうか国立劇場が目の前という旧市街地の一等地にある歴史的建築物．まさにウィーンのカフェ文化に真っ向から挑戦するかのような進出ぶりだった．付近は往来が多く，観光客でにぎわう界隈でもあることから，コーヒー店の思惑は大いに当たり，連日多くの来訪客を集めてきた．

　ただ，このコーヒー店進出の影響は，市民が恐れていたほどではなかった．従来のカフェは，引き続き多くの客を集め続けたのである．その理由は，カフェとコーヒー店それぞれで，訪れる客の利用のしかたにかなりの違いがあったからである．カフェでは伝統的な雰囲気のなかで会話や読書にふける人が多いのに対して，アメリカ系のコーヒー店では，カジュアルな感覚でコーヒーを飲むところとして，異なる客層の人気を集めた．その結果，カフェの大半が生き残り，その一方で，現在ウィーンには14軒のスターバックスが営業している．

ウィーンに進出したスターバックスコーヒー（2010年9月）
国立歌劇場のすぐそばという一等地に開店した．

世界に展開するスターバックスコーヒー（2018年）（スターバックスコーヒーHPより作成）

　このように17世紀以来，カフェの歴史を育んできたウィーンに，世界戦略を練った新しいタイプのコーヒー店が，20世紀後半以降，アメリカ合衆国から進出している．両者は激しく競合するように思われたところが，実際にはいずれも多くの客を迎えている．ウィーンにおいて，この新しいタイプのコーヒー店は着実に受け入れられており，ウィーン固有の伝統的なカフェと世界的なコーヒー店には一定の共存関係を見て取ることができる．

　ここで改めて注目したいのは，ヨーロッパで普及したコーヒーを飲む習慣が世界各地に広がり，そしてさらに新しい世界戦略を練ったコーヒー店がヨーロッパに進出しているという事実である．同様のことは，ピザやサンドイッチなどのファストフードにも見ることができる．かつて世界各地へと広まったイタリア生まれのピッツァが，アメリカ経由でピザという世界共通の食としてヨーロッパ各地に浸透している．あるいは，冒頭に触れたヨーロッパにおける英語の普及も同じプロセスを踏んでいることがわかる．ヨーロッパから世界へと広まった英語が，今や国際語としてヨーロッパに定着しつつある，というわけである．

　つまり現代のヨーロッパでは，世界各地に広がったヨーロッパ発祥の文化が世界共通の文化として，逆にヨーロッパに向かって流れ込み，取り込まれている．こうした一連の変化は明らかにヨーロッパでしか起こっていない．この流れをヨーロッパ固有のグローバル化とみなすならば，それは，それまで継承されてきた固有の伝統文化と，それが世界共通のものへと変貌した新しい文化が同居する状況をもたらすものということができる．つまり，ローカルな文化とグローバルな文化がせめぎ合い，共存するのが今のヨーロッパの姿といえるだろう．

第 10 章

ヨーロッパを食で読み解く

10.1 ヨーロッパ統合の背景

　ヨーロッパには40以上もの国があり、2018年現在で28カ国がEUに加盟している。しかし、その多くは面積も人口も小さめである。人口を見ると、ドイツの約8229万人を筆頭にして、イギリスとフランス、イタリアが5000万人を超えているにすぎない。マルタをはじめ、ルクセンブルクやエストニア、ラトヴィアの人口は200万人に満たない。面積についても、日本より大きいのはフランス、スペイン、スウェーデンに限られ、ドイツは日本より少し小さい。島国のマルタやキプロスは別にしても、ルクセンブルクは神奈川県とほぼ同じ。スロヴェニアは四国よりいくらか広いくらいで、オランダ、アイルランド、バルト三国、デンマーク、チェコ、スロヴァキア、スロヴェニアは北海道より小さい。

　このように規模の小さな国々からなっているのがヨーロッパである。20世紀には二度の世界大戦の舞台になり、国同士の争いから占領や併合が繰り返されたヨーロッパで、なぜこれほど規模の小さな国が存続できているのか、考えてみると不思議である。

ドゥブロヴニクの旧市街地（2005年8月）
「アドリアの真珠」と呼ばれる美しさを誇り、1979年に世界遺産登録されている。

ドゥブロヴニク市内にある戦災を記憶するための看板（2005年8月）
クロアチア紛争で破壊された建物の分布を見ることによって国民意識が高められる。

これらの国々が成り立っている理由としてあげられるのは，どの国も国民統合を経て強固な政治体制を確立してきた点である．地続きでありながら国境線を隔てて領土を確保し続けていられるのは，しっかりとした主権国家としての体制と，人々が国民としての意識を強くもってきたことによる．国民意識は独自の文化によって支えられており，自国の歴史や伝統が国民の間で共有されている．スペイン人にとってのシエスタ，フィンランド人にとってのサウナなどの生活習慣がしばしば自身を他国民と区別し，オランダ・キンデルダイクの風車やギリシャのパルテノン神殿，クロアチアのドゥブロヴニクの町並みなどといった世界遺産が国民の誇りであり，それが国民意識の強化に大きな役割を果たしている．

　ヨーロッパの人々は，こうした文化の違いを盾にして，互いに異なる集団であり別の国の国民であることを強く意識してきた．そこでは自己と他者の区別が明確に打ち出され，相互の違いはしばしば強烈な風刺や揶揄の対象にされてきた．

　ここに1枚の有名な風刺地図がある．フランスの風刺画家ポール・アドル Paul Hadol が1870年に発表した作品で，人物を用いて各国の特徴や国家関係を描いたものである．いかつい甲冑を身に着けてふんぞり返るプロイセン（ドイツ），それを東からにらむ巨人ロシア，西からは敵愾心をあらわにしたフランス，そうした大陸の様子を尻目にかける老婆イギリス，そして彼女の脇には飼い犬のアイルランド．当時の政治情勢が手に取るようにわかる．擬人化された国々の姿からヨーロッパが，かくも異なる人々が同居してきた地域であることは容易に察しがつく．

アドルの風刺画「ヨーロッパの地図」

クロアチア紛争の象徴，ヴコヴァルの水道塔
(2016年8月)
砲弾の跡をそのまま残し，紛争の記憶を継承して国民意識を高めるために保存されている．

10.1　ヨーロッパ統合の背景　　143

スロヴァキア文化形成に貢献したパヴォル・フヴィエズドスラウ像（2014年9月）
19世紀後半以降、スロヴァキア語による文芸作品を発表し、スロヴァキア国家形成に貢献した。

　今，ヨーロッパの国々はEUによる統合を進め，より緊密な国家間関係をつくり出しつつある．それは，第二次世界大戦で荒廃したヨーロッパがアメリカ合衆国やソ連と対抗してゆくには，もはや国同士が連携していく以外に方法がなかったからである．いかに連携して協力関係を確保するかが，戦後のヨーロッパの行方を占うカギとなった．

　こうしてやむをえない歴史的事情から統合が進んでいるヨーロッパだが，それでもヨーロッパの国々がここまで緊密な関係をもつに至ったのには，文化面での共通性が絡んでいることをあげなければならない．国によって言語や伝統文化の違いがあっても，暮らしや価値観には一定の共通性があり，それが連携の実現に関わっていると見ることができる．ヨーロッパの文化的共通性については，かつてアメリカの文化地理学者テリー・ジョーダン＝ビチコフらがコーカソイド人種，インド・ヨーロッパ語族，キリスト教の3点をあげているが，実際にはこれにとどまらない．さらに多くの共通性が認められるはずである．

　食についても，たとえばフォークとナイフ，スプーンなどのカトラリー，テーブルクロスの上に並べられた皿やグラス，さらにはテーブルマナーといった食のスタイルはヨーロッパに共通しており，国々の間でほとんど違わない．かわす言語は違っても，女性をテーブルにエスコートしウェイターにはチップを渡すといった食のシーンは，ヨーロッパで共有されている．ここでは，そうした食のスタイルに目を向けてヨーロッパの共通性について考えてみよう．

10.2　ヨーロッパ共通の食のスタイル

　ヨーロッパの食事と言えば，フォークとナイフなどのカトラリーがきちんと並べられ，マナーを守って使うものと誰もが思っているだろう．しかし，これらの食器が使われるようになったのは，それほど古いことではない．16世紀後半あたりから徐々に宮廷をはじめ王侯貴族の間でカトラリーを手にして食事をする習慣がみられるようになり，次第に定着してきたにすぎないのである．とりわけフォークはその危なっかしい形に対して抵抗があったようだが，料理を口に運ぶ

道具として徐々に受け入れられ，18世紀になってようやく現在のようなナイフ，フォーク，スプーンをそろえた食卓が彼らの間で一般的になった．その際，フランスのブルボン家やイギリスのハノーヴァー朝，オーストリアのハプスブルク家，スペインのボルボン家などは，絶大な権力を振るいながら食のスタイルを貴族や特権階級に広める役割を果たした．

ところでここで注目したいのが，ヨーロッパ各地の王朝や王族の間で食のスタイルが共有されていた点である．ヨーロッパでは王侯貴族が相互にきわめて密接な関係をもち，婚姻関係を結んだことによってさまざまな情報が交換されてきた．彼らは華美な装いを競い，王侯貴族としてのたしなみをともにし，特権階級にいることを互いに認め合った．そのため狩猟や乗馬，舞踏会といった余暇やファッションも各国の王侯貴族の間で流行した．食についてもさまざまな交流がなされ，同じようなカトラリーを使い，テーブルマナーにこだわった．こうして結果として，彼らの間に広く共通の食のスタイルが定着していった．

王侯貴族の間の婚姻関係によって食が共有されたエピソードを一つあげよう．近代以降の宮廷でもてはやされた食べ物にチョコレートがある．チョコレートの歴史を紐解くと，まずはスペインが舞台になる．チョコレートの原料であるカカオ *Theobroma cacao* は，中部アメリカから南アメリカ北部の熱帯地域が原産の作物で，スペインの侵略によってヨーロッパに知られるようになった．1585年には最初のカカオの取引がなされている．ここでいうチョコレートは，特有の苦みを消すために砂糖，シナモン，バニラを加え，熱湯やミルクで溶いて飲むというもので，どちらかといえば現在のココアに近いものだった．その味に魅せられた

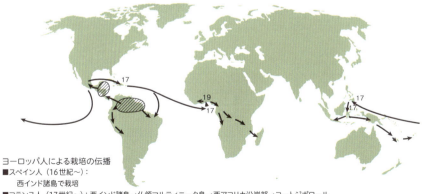

ヨーロッパ人による栽培の伝播
■スペイン人（16世紀〜）：
　　西インド諸島で栽培
■フランス人（17世紀〜）：西インド諸島→仏領マルティニーク島→西アフリカ沿岸部→コートジボワール
■イギリス人（17世紀〜）：西インド諸島→ジャマイカ→西アフリカ沿岸部→ガーナ，ナイジェリア

カカオの世界伝播[7]

10.2　ヨーロッパ共通の食のスタイル

スペインの宮廷は，南アメリカの植民地にカカオのプランテーションを拡大しつつ，チョコレートの生産と消費を独占していた．

　スペインが独り占めしていたチョコレートは，1615年にスペイン王女アナAnaがフランス国王ルイ13世のもとに嫁いだことによって，初めてスペイン国外に知られるようになる．彼女がチョコレートをフランスの宮廷に持ち込んだからである．さらに1660年にスペイン王女マリー・テレーズMaría Teresa de Austriaがルイ14世と結婚すると，チョコレートが忘れられない彼女は，専門職人であるショコラティエをスペインからパリに連れてきてしまう．これがショコラとしてフランスの宮廷の人々を魅了し，やがて貴族文化の象徴になっていく．

　栄養価が高く美味なチョコレートは，優雅な宮廷生活にぴったりの味覚としてさらに各国の宮廷に伝わっていった．イギリスやベルギー，オーストリア，ドイツなどの王室は，この魅惑のスイーツのとりこになり，こぞって専門職人を抱え込み，好みのチョコレートをつくらせた．その後，固形のチョコレートが生産されるようになると，腕のいいショコラティエがつくるチョコレートが人気を呼び，バルセロナのカカオ・サンパカCacao Sampaka，パリのドゥボーヴ・エ・ガレDebauve et gallaisやブリュッセルのゴディバGodiva，ウィーンのデメルDemel，あるいはロンドンのシャボネル・エ・ウォーカーCharbonnel et Walkerなどといった王室御用達のチョコレート店がいくつも現れた．これらの店は，今もヨーロッパを代表する老舗として高い評価を得ている．

　このように国を越えて文化を共有してきたヨーロッパならではの特色は，東アジアの事情と比べると際立ってくる．たとえば食の作法を見ると，東アジアでは国ごとにかなり異なっている．日本と韓国では箸を使う点で共通しているものの，たとえばご飯をよそった椀を日本では必ず手に持つのに対して，韓国では持たない．日本では鍋料理で取り皿を使うが韓国では使わない．韓国では女性は片膝を立てて座る，などがよく知られている．こうした違いの原因はいくつもあろうが，王族や貴族が国を越えて婚姻関係を結ぶことが活発でなかった東アジアでは，祭宴や儀礼などの形式を共有する機会が少なく，それが食事のマナーやタブーについて国ごとに独自の基準が定められてきた一因になったのだろう．

　さて，ヨーロッパの王侯貴族の間で共有された食のスタイルは，18世紀後半から増え始めるレストランを通して一般市民の間へと浸透していく．先に述べたように，当時のレストランにはもともと王侯貴族に使えていた料理人が始めた店が少なくなかった．王侯貴族の間で行われていたマナーやタブーはレストランを通しておのずと客に伝えられ，やがて富裕市民層の間で広まっていった．さらに

19世紀後半以降はレストランの利用者が増えるにつれて,さらに広く知られるようになる.20世紀になると地方都市や農村にもマナーやタブーはひろまっていく.こうしてかつて限られた特権階級の人々だけのものだった食のスタイルは,日常的な行為として普及していった.

そうしたなかで,かつて富裕市民層が共有した食習慣は今もレストランに生きている.数あるレストランのなかでも特に評価の高い店は,料理が一流であるだけではなく,そこではレストランにふさわしいマナーが求められる.現代のグルメたちが信頼を置くミシュランのレッドガイドには,評判のレストランが並べられている.

同ガイド2018年版の『フランス』を開いてみよう.世界で最もグルメが注目するこの国でも,特にパリに高い評価のレストランが集まっている.全国に28軒ある3つ星レストランのうち,10軒がパリにある.ランブロワジーL'Ambroisie(2区),ギ・サヴォアGuy Savoy(6区),アラン・デュカスAlain Ducasse au Plaza Athénée,ル・サンクLe Cinq,エピキュールEpicure,ピエール・ギャニエールPierre Gagnaire(いずれも8区),ラストランスL'Astrance(16区)といった超

オードブル　　　　　　　アマダイのムニエル

ウズラのソテー　　　　　モンブラン

フレンチディナー(2018年12月)

有名店の名前が並んでおり，いずれもシェフの腕によってその店でしか口にできない最高の味が堪能できる．それが多くの固定客を引き付けてきたし，最近は観光客やビジネスマンも増えている．

　ただし，そこには暗黙の了解がある．これらの店ではたいていドレスコードが設定されており，男性はジャケット着用など整った身なりが条件になっている．それは単なる外見だけでなく，それなりの立ち振る舞いが前提であることを意味している．最近は一人客も増えたが，本来は複数でテーブルについて静かな会話を交わし，落ち着いた雰囲気のなかで料理にまつわる会話をウェイターと楽しむ．オードブルからデザートまでのフルコースを基本とし，料理にふさわしいドリンクを合わせる，といったレストラン特有の伝統を忘れてはならない．

　これらのレストランがいずれもパリの中心街，すなわち古くからある旧市街地に集中して立地することにも注目したい．ランブロワジーはバスティーユ広場から都心に向かったところ，アラン・デュカスはシャンゼリゼ劇場の近く，エピキュールはエリゼ宮のそばにある．有名レストランの多くが老舗ホテルにあるのも共通している．ル・サンクはフォーシーズンズ Four Seasons，エピキュールはル・ブリストル Le Bristol，ピエール・ギャニェールはバルザック Balzac といった有名ホテルにある．いずれもしつらえのよい建物が伝統的な風情を醸し出しており，老舗ならではの風格を帯びた店であることも示している．市の文化財に指定されている建物も少なくない．

　こうしたレストランと歴史的建築物の組み合わせは，パリに限らない．ヨーロッパの大都市にほぼ共通して見られる．都市の中央にある旧市街地に有名なレストランが立地し，美しい歴史的建築物が建ち並ぶ．そこではレストランで食事をし，美しい街路を歩きながら，劇場や博物館，美術館を訪ね，ショッピングを楽しむという都市生活の光景がある．食の共通性をたどっていくと，都市における人の暮らしの共通性が見えてくるのである．

10.3　体験するヨーロッパの共通性

　では，実際にヨーロッパの都市を歩きながら，ヨーロッパにおける食の共通性，そしてその先にある人の暮らしの共通性について考えてみよう．目的地はオーストリア・ウィーンの旧市街地である．

　ウィーンの旧市街地は古くからの市街地と，それを取り巻くリンクと呼ばれる環状道路一帯からなる．旧市街地の中央にシュテファン寺院の尖塔がそびえ，そこからケルントナー通りやグラーベンなどの目抜き通りが伸びる．旧市街地の一

市民社会を象徴するゴシック様式のウィーン市庁舎（2009年3月）
天に突き刺すような尖塔が美しく，教会と見まがうほどである．

国家を象徴する新古典主義様式で建てられた国会議事堂（2008年4月）
前面に並ぶ円柱は遠く古代ギリシャの都市国家ポリスをほうふつとさせる．

宮廷専用だったブルク劇場は貴族文化を象徴するバロック様式（2009年3月）
その美しさからかつてヒットラーがポーズをとったスポット．今では季節限定のスケートリンクが設けられ，市民の歓声が上がる．

文芸を象徴するルネサンス様式で建てられたウィーン大学本館（2004年1月）
多くのノーベル賞受賞者を出してきたヨーロッパ屈指の名門．

角を巨大な旧王宮が陣取り，かつての帝都の威容を誇っている．リンク環状道路沿いには，19世紀後半に造営された巨大な建築物が堂々たる姿を並べている．国立歌劇場，国会議事堂，ウィーン市庁舎，ブルク劇場，ウィーン大学本館，旧証券取引所のほか，市民公園や市立公園が広がる．ほぼ円形に近い旧市街地は，差し渡し2km程度．歩いて十分に見てまわれるし，リンク環状道路を走る市電を使えば，多くの建物を要領よく鑑賞できる．疲れたらスイーツで有名なザッハーやデメルのほか，ツェントラルやラントマンといった老舗カフェもおすすめである．晩は劇場に繰り出してワルツやオペレッタの鑑賞を楽しむのも，いかにもウィーンらしい．

滞在するホテルも，食事をとるレストランも旧市街地に集中する．街中にはザッハーやアンバサダー Ambassador，リンク環状道路沿いにはブリストル Bristol やインペリアル Imperial などの老舗ホテルが並ぶ．その一方で，家族経営のこぢんまりしたペンションも多く，滞在すれば市民の暮らしが垣間見られる．レストランは老舗のグリーヒェンバイスル Griechenbeisl やツーム・ヴァイセン・ラウフファングケーラー Zum weissen Rauchfangkehrer などの有名店が数多くある．そこではウィーンの代表的伝統料理であるウィーナーシュニッツェル Wienerschnitzel（子牛のカツレツ）やターフェルシュピッツ Tafelspitz（牛肉の煮込み）を味わうことができる．

ウィーン王宮跡を訪れる観光客
（2002年8月）
歴史ある旧王宮は，世界各地からやって来る観光客にすっかり占領されている．

このように旧市街地には見どころスポットだけでなく，ホテルやレストランなども集中している．実際，国内で読まれている旅行ガイドブックが掲載するホテルやレストラン，カフェ，観光スポットの分布を見ると，そのほとんどが旧市街地に収まってしまう．つまり多くの観光客が，終日このエリアで過ごしているのがわかる．美しく飾り立てられた歴史的建築物が醸し出す都市のたたずまいに触れ，歴史的景観を眺めつつ，レストランやカフェで食事をしながらこの町の歴史

観光客でにぎわうウィーンの中心街グラーベン通り
（1999年12月）
高級なブティックが並ぶ通りも，観光客のための場所になりつつある．

観光客でにぎわうウィーンの中心シュテファン広場
（2011年8月）
右にそびえるシュテファン教会の前で観光客相手にコンサートのチケットを売り歩いている．

地元客でにぎわうワイン酒場ホイリゲ (2018年8月)
ワイン農家が経営するホイリゲでは，ブドウの木の下，多くの客が屋外で夜遅くまでグラスを傾けている．

ワイン酒場ホイリゲはセルフサービス (2014年9月)
ケースに白字で書かれた「アンズタケ」はウィーンの森で採れたキノコ．この時期，これ目当ての客でにぎわう．

や伝統を体験することが，旧市街地の楽しみというわけである．

　さて，こうして旧市街地を歩いていると，同じように多くの人が歩いているのに気づく．世界各地からやってきた観光客．彼らはたいていカメラや地図，ガイドブックを持っているのですぐわかる．一方，地元の人々もかなりいる．特に店が閉まって町が静まり返る日曜日など，町を散歩する市民を多く見かける．あるいは，郊外に広がるウィーンの森に行くと，そこでもかなりの数の人々に出会う．森の散歩のあとはブドウ畑に隣接したワイン酒場ホイリゲ Heurige で一服．ここは晩まで屋外でワインを楽しむ客でにぎやかだ．

　じつはヨーロッパでは，散歩する市民の姿をあちこちで見ることができる．彼らは時間をかけて歩きながら，屋外での日常を満喫している．あるいは屋外で読書や日光浴を楽しんだりしている．その理由として，ヨーロッパは緯度が高く日照量が少ないから日光浴にいそしむのだ，とよくいわれる．たしかに北欧では，短い夏の日差しを存分に浴びるために，太陽が見えたとたんに屋外に飛び出す人も少なくない．しかし，屋外で過ごす習慣は太陽がまぶしい地中海沿岸でもふつうに見られるし，天候には関係なく，しかも夜間に歩く人も少なくない．

　むしろその答えは，彼らに好んで歩く習慣があることに求めたほうがわかりやすい．ヨーロッパでは，休日はもちろん平日でも，町なかをはじめ，森や畑に出かけて歩く人々をよく目にする．天候に左右されず，雨天でも雨具で身を守って歩いている．公園も格好の散歩空間であり，ランチのあとに公園に行くと，大勢の若者や年配のカップルに出会う．歩くことが彼らにとってはごく日常であり，それはとても快適で落ち着く時間なのだという．

10.3　体験するヨーロッパの共通性

そう言えば，冬の夜，市庁舎前の広場に設けられたクリスマスマーケットも，連日大勢の客でにぎわう．時として氷点下になる寒さのなか，第8章で触れたように，美しく飾られた屋台を見てまわる人々でマーケットはあふれかえっている．季節を問わず野外で過ごすのが彼らの流儀のようである．

ウィーン市庁舎前で開かれるクリスマスマーケット（2010年12月）
寒い冬の夜，広場に並ぶ出店をホットワイン片手に歩くのが市民の年末の楽しみである．

このように屋外は彼らにとって身近な生活空間であり，好んで過ごす場所になっている．それは，長く森や畑との密接な暮らしがあったこと，そしてもともと王侯貴族が狩猟を楽しみながら屋外で過ごしたからだともいわれる．さまざまな見解があるものの，かつて貴族や富裕層の人々がゆとりある暮らしを満喫するために積極的に屋外で過ごしていたのが，次第に一般市民の間に定着していったと考えられている．このあたり，食のスタイルが特権階級から一般市民へと普及していったのとよく似ていて，興味深い．

いずれにしても，屋外でゆったりと過ごしながらゆとりある豊かな暮らしを実感する，という共通の価値観や生活観がヨーロッパにある．そしてそれが生活様式の共有をもたらし，互いに親近感を覚えることにつながってゆく．こうした共通性をヨーロッパスタンダードと呼ぶならば，それはヨーロッパの住民としてのアイデンティティを高めることにつながるのではないか．そう考えると，共有されている食のスタイルは，現在進みつつあるヨーロッパの統合を読み解くカギになるかもしれない．

さて，ウィーンは歩くだけでは野暮というもの．ここは音楽の都ならではの過ごし方が欲しい．ウィーンといえばワルツ．心地よいリズムが展開するウィンナーワルツはこの町で生まれた．ハプスブルク帝国時代末期，伯爵邸での舞踏会で披露されたフランツ・レハール Franz Lehar の有名なワルツ「金と銀」は，その華麗な世界を今に伝え，この町の魅力に浸るにふさわしい．道を行けばメロディが浮かんでくる．今宵はコンツェルトハウスに出かけるのもよいが，リズムに乗って路上の影と戯れるのも一興かもしれない．

10.4 ヨーロッパをとらえる

これまで繰り返し述べてきたように，ヨーロッパには多様性があり，地域によって異なる文化がある一方で，明らかに世界の他の地域とは異なる共通の特性がある．言い換えれば，そこには明らかにヨーロッパらしさというものが存在する．しかも，こうした共通性は他の地域と差別化することによって際立ってきた．とりわけ他の地域として持ち出されたのがアジアであり，それはしばしば優劣の視点でとらえられてきた．エドワード・サイードEdward Saidが『オリエンタリズム』で論じたように，ヨーロッパはその優越性のもとでアジアと峻別されたヨーロッパを浮かび上がらせてきた．近代科学を発達させ，世界に君臨したヨーロッパにはヨーロッパ中心の志向があり，学術の世界にはヨーロッパ中心主義が跋扈した．こうしてヨーロッパの共通性は絶えず補強され，継承されてきたのである．

このような過程を経て醸成されてきたヨーロッパの特性が，人々のヨーロッパへの帰属意識を強めないはずはない．国や民族が異なっていても，ヨーロッパ共通の文化をもつことによってヨーロッパの一員としての意識が保たれており，その共通性への志向はますます強まっているように見える．一つ話題をあげよう．

かつて東西冷戦が終わった時，それまで社会主義体制にあった東ヨーロッパでは「ヨーロッパへの回帰」という言葉が盛んに使われた．チェコスロヴァキア出身の歴史家ジャック・ルプニクJacques Rupnikは，その著『「中央ヨーロッパ」を求めて』のなかで，東ヨーロッパ諸国がソ連の影響圏を離れて中央ヨーロッパを構成し，ヨーロッパの一部になろうとする動きを論じた．かつて東ヨーロッパ諸国は社会主義体制をとってソ連圏を構成していた．それは単に制度上の変化にとどまらず，これまでともにしてきたヨーロッパ諸国との決別を意味した．それゆえに，冷戦が終わってソ連圏から離れることは，一度失った

ブダペストの中央市場に現れたコーラとバナナ (1995年9月)
コーラとバナナは社会主義時代に手に入りにくかったため，政治改革後は西側世界を象徴するものとしてあこがれの的になった．ハンガリー特産のパプリカの売り場でも目立つ存在になっている．

クラクフの中央広場（2004年9月）
この世界遺産の都市を訪ねる観光客向けの馬車が行き交う．

ブダペスト・アンドラーシ通りの老舗カフェ，ミューヴェース
（2018年8月）
1898年創業．社会主義体制が終わって伝統ある店が復活した．

市民主導の社会を取り戻し，ヨーロッパの一員に返り咲くことであり，ここでいう中央ヨーロッパとはまさにヨーロッパそのものだった．政治改革後の混乱のなか，自国のゆくえに頭を悩ませながらも，東ヨーロッパ諸国はヨーロッパになることを強く望んだのである．

　冷戦後に実際に起こったことをあげてみよう．1990年代以降，東ヨーロッパ諸国は急激な変化を遂げる．閉ざされた国境が開き，怒とうのごとくモノや情報が流れ込み，人々の暮らしは大きく変わり，社会通念はそれまでと正反対の方向に向けて転換した．2004年のEU拡大によってそうした変化には一段と弾みがついた．食について言えば，EUに加盟することによって大量の食料が流通し，食品の品質は向上した．一般庶民も安全で質の高い食品を手に入れられるようになり，料理の水準も高まって美食が浸透している．今ではブダペストやプラハには西ヨーロッパに引けを取らない高級レストランも現れている．

　その一方で，社会主義体制以前にさかのぼる伝統や歴史への回帰も見逃せない．プラハやブダペストなどでは宮殿や駅舎といった歴史的な建築物の修復や整備が積極的に行われ，民族舞踊や伝統音楽が見直されている．またこうした伝統文化が多くの観光客を集めている．ポーランドの古都クラクフには観光用の馬車が行き交い，その光景はさながら19世紀のヨーロッパの都市の再現である．そこには，かつて近代化を遂げてきたヨーロッパの歴史への関心をはっきりと見て取ることができる．

　これらは大きな変化のごく小さな断片にすぎない．しかし，東ヨーロッパの各地で今，これまでヨーロッパがたどってきた歴史的体験を共有しようとする動きが目立ってきていることは確かである．歴史的建築物の保存や伝統文化の見直し

が進められているのは，それによってヨーロッパの文化の共有が一層進むことが期待されているからである．これを広くとらえれば，ヨーロッパは着実にその共通性を強めているということになる．

では，こうして共通性をもつヨーロッパをどのようにしてとらえたらよいだろうか．ここでは世界のなかのヨーロッパという視点から考えてみたい．

ヨーロッパは近代以降，世界のリーダーとしてその文化を世界各地に広めてきた．民主主義や人権思想などヨーロッパから発せられた社会秩序が新たに人々の暮らしを規定し，世界のヨーロッパ化が進んできた．その際，ヨーロッパ文化は広い地域で多かれ少なかれ「規範」として受け入れられ，現代にいたるまでその影響はあり続けている．

他方，現代世界においては，アメリカ合衆国やロシア，さらに中国や日本など，世界にはいくつもの政治的，経済的コアがあり，多極化が進んでいる．ヨーロッパもこれらのコアの一つであり，他の国々との関係なくして語ることのできない地域であることは否定しようのない現実である．それゆえにヨーロッパを理解するには，これを世界の一地域として相対的にとらえる視点が欠かせない．

そうしたなかで，第1章で述べたように，日本は世界の他の地域に比べてヨーロッパ化の影響をそれほど強烈に受けてこなかった地域であり，今なお独自の文化をもち続けている．日本は文明開化以来，ヨーロッパ一辺倒の時代を歩んだといわれるものの，植民地化を免れ，ヨーロッパ諸国の圧倒的な支配を受けることもなく，比較的多くの固有の伝統文化や価値観が維持しながら今日に至っている．このことを念頭に置くと，日本に暮らしていることによって，われわれはヨーロッパに向けて世界に類のない独自の視点をもっていることに気づく．つまり，日本から見つめるからこそ，とらえることができるヨーロッパの姿があるはずであり，そうした視点は学術的にも十分な意義があるといえるだろう．

このことをあらためて食でなぞってみよう．食はヨーロッパ化やグローバル化の道を歩んでおり，ますますその勢いを増している．それは食材や料理の共有にとどまらない．食べてよいものと食べてはならないものといった，あるべき食を規定するところにまで及びつつある．そのわかりやすい例に，日本で鯨肉を食べ，東アジアで犬肉を食べる習慣について，その是非をめぐる問題があげられる．いずれも地域住民にとって欠かせない食として，伝統的に継承されてきたものだが，最近は欧米主導の視点からいずれも否定される風潮がある．それはあたかもヨーロッパの考え方が「規範」であるかのようにとらえられたりしている．しかし言うまでもなく，これらの食を地域固有の文化とみなして継承すべきか，

あり得ない食として否定すべきか，その線引きは簡単ではない．

　ただ，人が動物の命をもらって生きていく以上，もし特定の食を否定する理由が動物愛護だというのであれば，ヨーロッパで行われているフォアグラを得るためにガチョウの喉に漏斗を突っ込んで強制的に餌を食べさせる飼育方法や，公衆の面前で命を絶つまで攻め立てるスペインの闘牛も問題視せねばならなくなる．実際，強制的に餌を与える方法はヨーロッパのいくつかの国で禁止され，闘牛に対する反対の声もかなり上がっている．しかし，長く培われてきた伝統ある文化として，いずれも継続されているのが現状である．

　このような食を取り巻く問題を見ると，むしろここで重要なのは，ヨーロッパの食を「規範」としてとらえるのではなく，「個性」として理解する視点をもつことだろう．そしてその点で，日本の食が明らかにヨーロッパのものと異なるからこそ，われわれはヨーロッパをまったく別個の「個性」あるものとしてとらえることができるのではないか．それによって，日本からの視点だからこそ得られるヨーロッパという地域の理解に到達できるものと思われる．

エピローグ

　本書では，食を通してヨーロッパの個性を浮き彫りにし，ヨーロッパを描き出す作業を進めてきた．そして独特の自然環境，近代以降の驚異的な世界進出と世界資源の独占，世界に先駆けて進んだ工業化，最近の移民の流入，グローバル化といった点からその特色をあぶり出した．また，ヨーロッパが内部に地域的な多様性をはらみながらも，全体として一体性をもった地域であることにも視野を広げ，ヨーロッパ理解をめざした．

　ヨーロッパは，いうまでもなく長い歴史をもち，早くから世界各地と深いかかわりをもってきた地域である．政治や経済においてイニシアチブを発揮し，最先端のファッションや芸術，学術研究の成果を発信している．世界に類のない国家連合EUを構築し，古い伝統を保ちつつも最先端の動きを見せているのもヨーロッパである．日本とのかかわりも深く，ヨーロッパの動向を知ることは日本を知ることにもつながる．世界におけるヨーロッパの存在感はきわめて大きく，世界の動向を左右する点でこれからも目を離すわけにはいかない．

　一方，ヨーロッパは多くの個性ある国々からなっており，どの国からアプローチするかによって違って見えてくるあたりも興味深い．フランス語を使ってフランスから見えるヨーロッパと，ドイツ語に親しんでドイツから見るヨーロッパは決して同じではない．あるいは，熱狂的なイタリアファンやイギリス贔屓，フランス好きといった人々がそれぞれの国の視点でヨーロッパを語っている．まさにいろいろな見方ができるのがヨーロッパであり，知れば知るほどその魅力の深さを実感できるだろう．

　食に着目して多様性に富んだヨーロッパを見てまわる旅は，本書ではここで終わりになる．少しでも「ヨーロッパとは何か」をつかんでいただけただろうか．現地で食べるというフィールドワークの体験をもとにつづったが，語り切れなかった「未知の土地」はまだまだ多い．ヨーロッパは食にまつわる話題の宝庫である．食を味わいながらヨーロッパ各地に思いを巡らせるという，この尽きることのない楽しみを，皆さんにもぜひ体験していただきたい．

文　献

引用文献

1) 帝国書院編集部2018.『新詳地理資料COMPLETE 2018』帝国書院．
2) 藤岡謙二郎・西村睦男・浮田典良・服部昌之・金田章裕1988.『世界地誌（第2改訂増補版）』大明堂．
3) Diamond, J. 1997. *Guns Germs, and Steel: The Fates of Human Societies*. New York: W. W. Norton & Company.
4) King, R., Black, R., Collyer, M., Fielding, A. and Skeldon, R. 2010. *The Atlas of Human Migration: Global Patterns of People on the Move*. London: Earthscan.
5) Murphy, A. B., Jordan-Bychkov, T.G. and Bychkova Jordan, B. 2009. *The European Culture Area: A Systematic Geography*. Lanham: Rowman and Littlefield Publishers.
6) 加賀美雅弘編2011.『EU』朝倉書店（世界地誌シリーズ3）．
7) 星川清親1987.『改訂増補 栽培植物の起原と伝播』二宮書店．
8) Smith, C.T. 1978. *An Historical Geography of Western Europe before 1800*. 2nd ed. London: Longman.
9) Pounds, N. J. G. 1985. *An Historical Geography of Europe 1800-1914*. Cambridge: Cambridge University Press.
10) 石井久生・浦部浩之編2018.『中部アメリカ』朝倉書店（世界地誌シリーズ10）．
11) Roe, D. A. 1973. *A Plague of Corn, The Social History of Pellagra*. London: Cornell University Press.
12) ゲーテ，J. W. 著，相良守峯訳1960.『イタリア紀行（上）』岩波書店（岩波文庫）．
13) Tsvetkov, Y. 2014. *Atlas der Vorurteile 2*. München: Knesebeck.

参考文献

第1章

ジョーダン=ビチコフ，T. G.・ジョーダン，B. B. 著，山本正三・石井英也・三木一彦訳2005.『ヨーロッパ―文化地域の形成と構造』二宮書店．
ダイヤモンド，J. 著，倉骨　彰訳2012.『銃・病原菌・鉄―1万3000年にわたる人類史の謎（上・下）』草思社（草思社文庫）．
南　直人1998.『ヨーロッパの舌はどう変わったか―十九世紀食卓革命』講談社（講談社選書メチエ）．
南　直人2015.『〈食〉から読み解くドイツ近代史』ミネルヴァ書房．
モンタナーリ，M. 著，山辺規子・城戸照子訳1999.『ヨーロッパの食文化』平凡社．

矢ケ﨑典隆・加賀美雅弘・古田悦造編2007．『地誌学概論』朝倉書店（地理学基礎シリーズ3）．
山本正三・内山幸久・犬井　正・田林　明・菊地俊夫・山本　充2004．『自然環境と文化―世界の地理的展望（改訂版）』原書房．

第2章
加賀美雅弘・木村　汎編2007．『東ヨーロッパ・ロシア』朝倉書店（朝倉世界地理講座10）．
櫻井明久2018．『北西ヨーロッパの空間構造―ヨーロッパ地誌を目指して』古今書院．
鯖田豊之1966．『肉食の思想―ヨーロッパ精神の再発見』中央公論新社（中公新書）．
野田浩資2015．『野田シェフのドイツ料理　新装増補改訂版』里文出版．
ハーゼル，K. 著，山縣光晶訳1996．『森が語るドイツの歴史』築地書館．
舟田詠子2013．『パンの文化史』講談社（講談社学術文庫）．
レーマン，A. 著，識名章喜・大淵知直訳2005．『森のフォークロア―ドイツ人の自然観と森林文化』法政大学出版局（叢書・ウニベルシタス）．

第3章
アズベリー，H. 著，富永和子訳2001．『ギャング・オブ・ニューヨーク』早川書房（ハヤカワ文庫NF）．
伊藤章治2008．『ジャガイモの世界史―歴史を動かした「貧者のパン」』中央公論新社（中公新書）．
加賀美雅弘編著2005．『「ジプシー」と呼ばれた人々―東ヨーロッパ・ロマ民族の過去と現在』学文社．
スミス，A. F. 著，竹田　円訳2014．『ジャガイモの歴史』原書房．
相馬保夫2006．『ドイツの労働者住宅』山川出版社（世界史リブレット75）．
栩木伸明2012．『アイルランド紀行―ジョイスからU2まで』中央公論新社（中公新書）．
山本紀夫2008．『ジャガイモのきた道―文明・飢饉・戦争』岩波書店（岩波新書）．

第4章
アロンソン，M.・ブドーズ，M. 著，花田知恵訳2017．『砂糖の社会史』原書房．
加賀美雅弘1997．『ハプスブルク帝国を旅する』講談社（講談社現代新書）．
川北　稔1996．『砂糖の世界史』岩波書店（岩波ジュニア新書）．
川北　稔編1987．『「非労働時間」の生活史―英国風ライフ・スタイルの誕生』リブロポート．
ミンツ，S. 著，川北　稔・和田光弘訳1988．『甘さと権力』平凡社．
ルヴェル，J.-F. 著，福永淑子・鈴木　晶訳1989．『美食の文化史―ヨーロッパにおける味覚の変遷』筑摩書房．
ローリー，A. 著，池上俊一監訳1996．『美食の歴史』創元社．

第5章
加賀美雅弘1991.『気象で読む身体』講談社（講談社現代新書）.
クリチェク，V. 著，種村季弘・高木万里子訳1994.『世界温泉文化史』国文社.
クルーティエ，A. L. 著，武者圭子訳1996.『水と温泉の文化史』三省堂.
コルバン，A. 著，渡辺響子訳2000.『レジャーの誕生』藤原書店.
ジュースキント，P. 著，池内　紀訳2003.『香水―ある人殺しの物語』文藝春秋（文春文庫）.
ディオン，R. 著，福田育弘訳1997.『ワインと風土―歴史地理学的考察』人文書院.
マルソーフ，R. P. 著，市場泰男訳1989.『塩の世界史』平凡社.
マン，T. 著，高橋義孝訳1969.『魔の山（上・下）』新潮社（新潮文庫）.

第6章
青井博幸2003.『ビールの教科書』講談社（講談社メチエ）.
奥西孝至・鳩澤　歩・堀田隆司・山本千映2010.『西洋経済史』有斐閣（有斐閣アルマ）.
河野　眞2012.『フォークロリズムから見た今日の民俗文化』創土社.
薩摩秀登2006.『物語　チェコの歴史―森と高原と古城の国』中央公論新社（中公新書）.
ホブズボーム，E. J. 著，浜林正夫・神武庸四郎・和田一夫訳1984.『産業と帝国』未来社.
村上　満2015.『ビール世界史紀行―ビール通のための15章』筑摩書房（ちくま文庫）.
矢ケ崎典隆・山下清海・加賀美雅弘編2017.『グローバリゼーション』朝倉書店（シリーズ地誌トピックス1）.

第7章
ヴァルラフ，G. 著，シェーンエック，M. 訳1987.『最底辺―トルコ人に変身して見た祖国・西ドイツ』岩波書店.
加賀美雅弘・川手圭一・久邇良子2014.『ヨーロッパ学への招待―地理・歴史・政治からみたヨーロッパ　第二版』学文社.
竹沢尚一郎編著2011.『移民のヨーロッパ―国際比較の視点から』明石書店.
森　明子編2014.『ヨーロッパ人類学の視座―ソシアルなるものを問い直す』世界思想社.
山下清海2016.『新・中華街―世界各地で〈華人社会〉は変貌する』講談社（講談社選書メチエ）.
山下清海編著2011.『現代のエスニック社会を探る―理論からフィールドへ』学文社.
山下清海編著2016.『世界と日本の移民エスニック集団とホスト社会―日本社会の多文化化に向けたエスニック・コンフリクト研究』明石書店.

第8章
アンダーソン，B. 著，白石さや・白石　隆訳1997.『増補　想像の共同体―ナショナリズムの起源と流行』NTT出版.
池上俊一2003.『イタリア』農山漁村文化協会（世界の食文化15）.
石井正巳編2016.『博物館という装置―帝国・植民地・アイデンティティ』勉誠堂.

加賀美雅弘 2004.『病気の地域差を読む―地理学からのアプローチ』古今書院.
ゲーテ, J. W. v. 著, 相良守峯訳 1960.『イタリア紀行（上）』岩波書店（岩波文庫）.
竹中克行編著 2015.『グローバル化と文化の境界―多様性をマネジメントするヨーロッパの挑戦』昭和堂.
松本　彰 2012.『記念碑に刻まれたドイツ―戦争・革命・統一』東京大学出版会.

第9章

浮田典良・加賀美雅弘・藤塚吉浩・呉羽正昭 2015.『オーストリアの風景』ナカニシヤ出版.
臼井隆一郎 1992.『コーヒーが廻り世界が廻る―近代市民社会の黒い血液』中央公論新社（中公新書）.
小関　隆 2008.『近代都市とアソシエイション』山川出版社（世界史リブレット 119）.
小林章夫 2000.『コーヒー・ハウス―18世紀ロンドン，都市の生活史』講談社（講談社学術文庫）.
シヴェルブシュ, W. 著, 福本義憲訳 1988.『楽園・味覚・理性―嗜好品の歴史』法政大学出版局.
旦部幸博 2017.『珈琲の世界史』講談社（講談社現代新書）.
ティーレ＝ドールマン, K. 著, 平田達治・友田和秀訳 2000.『ヨーロッパのカフェ文化』大修館書店.
平田達治 1996.『ウィーンのカフェ』大修館書店.

第10章

加賀美雅弘編 2019.『ヨーロッパ』朝倉書店（世界地誌シリーズ 11）.
コウ, S. D.・コウ, M. D. 著, 樋口幸子訳 1999.『チョコレートの歴史』河出書房新社.
サイード, E. W. 著, 今沢紀子訳 1993.『オリエンタリズム（上・下）』平凡社（平凡社ライブラリー）.
武田尚子 2010.『チョコレートの世界史』中央公論新社（中公新書）.
ピット, J.-R. 著, 千石玲子訳 1996.『美食のフランス―歴史と風土』白水社.
ポミアン, K. 著, 松村　剛訳 2002.『増補　ヨーロッパとは何か』平凡社（平凡社ライブラリー）.
ルプニク, J. 著, 浦田誠親訳 1990.『「中央ヨーロッパ」を求めて―東欧革命の根源を探る』時事通信社.

索引

あ行

アイスバイン 9
アイデンティティ 97, 109, 121, 122, 126, 152
アイルランド飢饉 40, 42, 43
アインシュペナー 135, 136
アソシエーション 132, 133
アラビアコーヒー 129, 130
アーリオ・オーリオ・ペペロンチーノ 20
アルトビール 84
アンモニア式冷凍機 87

EC 85
市場広場 51, 90
異文化理解 127
移牧 24, 33
EU 36, 45, 46, 49, 85, 94-96, 108, 111, 142, 144, 154, 157
インスタント食品 14
飲泉 67, 72, 73
飲泉場 67, 73, 74
インナーシティ 104

ヴァイツェン 11, 85
ウィーナーシュニッツェル 150
ウィンナー 29
ウィンナーワルツ 152
ヴェネツィアーノ 8
運河 71, 81

栄養失調症 115, 116
エスニック集団 97, 102, 107-110
エスニックマーケット 97, 102, 103, 105, 107
エネルギー 4, 23, 26
エール 84
エンバク 26
エンマー小麦 21

か行

王侯貴族 64, 144-146, 152
オオムギ 26, 27, 31, 82-85, 87
オクトーバーフェスト 86, 92, 93
オスマン帝国 129, 134
オーセンティシティ 92
オブラート 76, 77
オリーブ 20, 22, 23, 27
オリーブ油 8, 9, 20, 21, 23, 25, 27
温泉保養地 66, 74, 75, 77
温泉浴 67
温帯湿潤気候 23

海岸リゾート 67
外国人地区 104
外国人労働者 95
外食 44, 119, 120
海水塩 79
海水浴 67
カカオ 33, 145, 146
化学エネルギー 4
重ね箸 16
火山街道（ボヘミア） 76
火山地帯 75
カスラー 9
火成岩 74
片づけ食い 16
ガチョウ 33, 34, 155
カトラリー 144, 145
カーニバル 93
ガパオ 101
カフェ 54, 55, 59, 128, 132-138, 140, 141, 150, 154
カフェイン 129
花粉アレルギー 80
カペルネフラン 45
下面発酵ビール 84-86
カラマリ 24, 25
借り傘戦略 101

カルパッチョ 9
カルス煎餅 77
カレー 101
岩塩 78, 79
観光資源 51, 76, 90

飢餓 43
気管支ぜんそく 79
飢饉 41, 43
帰属意識 121, 153
北大西洋海流 25, 57, 130
ギネス 84
旧市街地 50-52, 62-64, 103, 105, 136, 138, 140, 142, 148-150
牛肉 2, 20, 34, 36, 99, 120, 124, 150
牛乳 5, 32, 33
強制収容所 48
強制定住政策 109
共通農業政策 45
郷土博物館 124
郷土料理 113, 122, 123
魚介類 5, 20, 24
近代化 39, 43, 68, 154

クアハウス 72, 78, 80
グーツ 39
クネーデル 10, 43, 44, 92
クネドリーキ 26
グヤーシュ 20, 21, 30, 31, 121
クラカウアー 29
グーラッシュ 109
グラノ・トレンティーノ 94
クラブ 132, 133
グランドツアー 66
クリスマスマーケット 126, 151, 152
グルコース 22
グルテン 83
グルメ 2, 32-34, 55, 70-72, 106, 147

クローバー　31

経済停滞地域　47, 49, 53
鯨肉　155
ゲヴュルツトラミネール　10
毛織物業　81
ケークフランコシュ　45
ケーニヒスベルガー・クロプセ　30
ケバブ　98-101, 105
原産地呼称保護　94
原産地名保護制度　94
犬肉　155
原流谷　38
原料立地型　81, 82

工業製品　87, 93
工業地域　81, 82
呼吸器系の疾患　72, 80
国民意識　51, 121, 143
国民統合　143
ココア　145
ゴーダチーズ　33
コトレッタ　9, 119
コーヒーハウス　128, 129, 131-134, 139
コムギ　7, 9, 19, 21, 22, 23, 26, 27, 31, 39, 41, 42, 45, 83, 85
コメ　23, 34, 35
コレラ　69
婚姻関係　145, 146
混合農業　26, 30

さ行

ザウアークラウト　10, 29, 109
ザウアーブラーテン　44
サウナ　77
サッカー　127, 132, 133
雑穀　116, 117, 122, 123
ザッハートルテ、58, 59
サトウキビ　55-57, 130
砂糖精製業　60
三角貿易　57, 58
産業化　31, 33, 35, 36, 51-53,

59, 63, 104, 119, 133
産業革命　81, 93
三十年戦争　84
山上集落　53
サンドイッチ　139, 141
三圃式農業　27, 28, 30, 31

ジェズヴェ　129
地場産業　111
ジビエ料理　31
脂肪　4, 22, 23, 26, 27
市民意識　51
市民文化　132
社会階層　7, 43
社会的側面　7
ジャガイモの疫病　41
ジャガイモ令　38
シャニガルテン　134, 135
ジャーマンポテト　44
シュヴァイネハクセ　9
シュヴァルツァー　135, 136
ジュガンツィ　116, 122, 123
シュークルート　10
主権国家　43, 143
主食　16, 34, 35
ショーウィンドー　63, 64, 100, 102
上下水道　54, 68, 70
上面発酵ビール　84, 85
上流階級　58, 62, 66, 131
食塩　35
食品工業　14, 81, 82
食文化　4, 6
ショコラティエ　146
白ソーセージ　11
真正性　92
シンハビール　91

スイーツ　56, 58, 59, 61-64, 67, 134, 137, 146, 149
水路網　71, 81
スタウト　84, 85
ステータス　32, 55, 70, 71, 73
ステータスシンボル　34, 59, 61, 63
スパゲッティ　8, 9, 15, 20, 22

スペルト小麦　19, 22
スポーツクラブ　132

製塩業　79
西岸海洋性気候　18, 25
製鉄業　81, 82
製糖工場　60
世界遺産　58, 78, 79, 142, 143, 154
世界保健機関WHO　35
石造建築　18
雑煮　120
ソーセージ　9-11, 15, 26, 28, 29, 30
ソーダ工業　79
ソバ　116, 117, 122, 123

た行

大気浴　67
太陽エネルギー　4
大陸性湿潤気候　18, 25
大陸封鎖　60
タカキビ　116, 117, 123
タコス　116
ターフェルシュピッツ　150
多文化共生　110, 127
タルト・フランベ　10
ダルマチア式海岸　25
炭酸　74-76
炭酸水　76
炭酸泉　72, 75-77
炭酸煎餅　77
炭水化物　4, 22, 26, 27, 34
タンパク質　4, 22-24, 26, 27

地域意識　121, 124
チェダーチーズ　33
チーズ　9, 10, 20, 32, 33, 36, 55, 94, 122, 123
地中海式農業　22, 23
地中海性気候　18, 22
チャイナタウン　97, 98, 101
チャドル　103
中華街　106

索引　163

中心商店街　62
チョコレート　33, 55, 59, 63, 145, 146
地理上の発見　12
チローラー・グラウフィー　32, 33
チローラー・シュペック　94
賃貸住宅　39, 53, 102, 103

ツーリズム　36, 124, 126

ディアンドル　86, 92
泥炭（ピート）　40
ティラミス　9
ディンケル　19
デザート　8, 9, 61, 62, 148
鉄道網　73, 79, 87
デビト　25
テーブルマナー　58, 144, 145
デュラム小麦　22
テラロッサ　22
テルテット・カーポスタ　30
テレーンクア（地形療法）　73
テンサイ　31, 60, 61
伝統的建造物　96

ドイツ民俗学　93
ドイモイ（市場開放政策）　139
闘牛　155, 156
トウモロコシ増産政策　114
特権階級　39, 58, 131, 145, 147, 152
トムヤムクン　101
トルコムギ　113
トルティーヤ　116
ドレスコード　148

な行

ナイアシン　115, 116
ナショナリズム　51, 121
ナッシュマルクト　103-107
生ハム　9
難民　109

肉類　5

日光浴　67, 73, 151
乳糖不耐症　5
ニューヨーク徴兵暴動　43
ニュルンベルガー　29
ニョッキ　122

農産加工品　82, 85, 87, 94
ノーフォーク農法　31

は行

廃村　47, 48
パエリア　23
バカンス　65, 77
麦芽　83, 87, 88
はげ山　18
パスタ　8, 9, 20-23, 25, 119, 125
バター　8, 20, 21, 31, 32-34, 36, 120
バドワイザー　91
ハプスブルク帝国　114
パプリカ　20, 30, 31
パプリカーシュチルケ・ノケドリヴェル　44
バルサミコ酢　8
パルミジャーノ・レッジャーノ　9, 94
パン小麦　22
反差別運動　43
ハンバーガー・ステーキ　30

東インド会社　130
光エネルギー　4
ピザ　128, 141
ヒジャブ　97, 103
ビタミン　23, 115
ピッツァ　10, 20, 121, 141
ピッツァ・マルゲリータ　121
ピッツォッケリ　123
氷河　12, 19, 38
ビール街道（ボヘミア）　91
ビール純粋令　84-86, 88
ビール醸造博物館　90
ピルスナー　85, 88

ファストフード　1, 128, 141
フィトフトラ　41
風刺地図　143
フェアアイン　133
フェズ（トルコ帽）　136
フォアグラ　10, 34, 155
フォークロリズム　93
フォー・ボー　99
副食　16, 34, 35
ブタ　21, 26-29, 30, 31, 34, 60
豚肉　9-11, 26-29, 36
フットボール　132, 133
富裕市民層　31, 39, 53-55, 58, 59, 62, 64, 67-73, 77, 119, 120, 131, 134, 146, 147
ブラウンスイス　33
ブラーガー　29
フラムクーヘン　10
フランクフルター　28
フランス革命　119
プランテーション　56, 57, 130, 139, 146
フリカデル　28, 30
ブリンゾヴェー・ハルシュキ　122
ブルネンマルクト　102-105, 107
ブレッツェル　11, 92
フレンチコーヒー　139
プロシュート　9
文化的側面　7

ベッコフ　9
ベトナムコーヒー　138, 139
ペラグラ　115-118, 120
ヘルスツーリズム　77, 78
ヘレス　11
偏見　125, 126
偏西風　25

ホイリゲ　151
歩行者専用道路　62
ポタージュ　20, 21, 31
ホットワイン　126, 152
ホップ　82, 84, 87-89
保養地　67, 68, 72-75, 77, 78, 80

164　索　引

保養地公園　73, 78
ボルシチ　21, 30, 121
ホルスタイン・フリーシアン
　　32, 33
ポレンタ　113, 115-120
ポレンタのカツレツ　120

ま行

マインル　136, 137
マジャール・スルケ　34
マッサージ　77, 78
マニュアル化　14, 87, 91
ママリガ　116
マメ科植物　31
マール　76
丸太小屋　112, 113
マルロー法　51
マンガリッツァ　34
マンステール　10

ミアズマ（瘴気）　73
ミネラル　23, 74
ミラノ風カツレツ　120
ミルクチョコレート　33
民族意識　51, 121

無形文化遺産　138

名物料理　113, 123
メランジェ　135, 136

モスク　97, 110

モータリゼーション　53, 63
木骨造　19, 112
モッツァレラチーズ　20, 121
モレーン　38
モロコシ　116
モンテプルチアーノ　9

や行

野外博物館　112, 113, 124

有給休暇　77
ユーゲント様式　74
ユートピア　80
ユンカー　39

ヨーロッパ化　14, 15, 155
ヨーロッパスタンダード　152
ヨーロッパ中心主義　153
ヨーロッパへの回帰　153
四圃輪栽式農法　31

ら行

ライムギ　19, 26, 39, 42, 83
ラガー　84
ラクターゼ　5
酪農　32, 33
落葉広葉樹　19, 27, 28, 29
ラード　20, 21, 26, 31
ラーメン　120

リウマチ　72

リースリング　10
理想郷　80
リゾット　8, 9, 23
リトルイスタンブール　98
流下式濃縮施設　78-80
療養地　73
旅行ガイドブック　89, 150
旅行ブーム　73
林間放牧　28

ルーツツーリズム　43
ルーラルツーリズム　37

歴史的建築物　51, 148, 150, 154
レジャー　54, 55, 77
レッドガイド　147
レンガ造り　17, 18, 29
連作障害　22

労働者層　39, 53, 54, 132
路上マーケット　103, 105
ロマ　47, 48, 107-110
ローマ帝国　36
ロマ放浪禁止令　47
ロマンチック街道（ドイツ）
　　52, 53

わ行

和食　3, 21, 34, 35
ワッフル　77
ワルツ　150

著者略歴

加賀美雅弘（かがみまさひろ）

1957年　大阪府に生まれる
1985年　筑波大学大学院地球科学研究科博士課程単位取得退学
現　在　東京学芸大学人文科学講座・教授
　　　　理学博士

〔おもな著作〕
『ヨーロッパ(世界地誌シリーズ11)』(編著，朝倉書店，2019年)
『景観写真で読み解く地理』(共編著，古今書院，2018年)
『ヨーロッパ学への招待』(共著，学文社，2010年)
『東ヨーロッパ・ロシア(朝倉世界地理講座10)』(共編著，朝倉書店，2007年)
『「ジプシー」と呼ばれた人々』(編著，学文社，2005年)
『ハプスブルク帝国を旅する』(講談社，1997年) など

食で読み解くヨーロッパ
　―地理研究の現場から―　　　　　　　　　　　　定価はカバーに表示

2019年　4月10日　初版第1刷
2023年　2月10日　　　第5刷

　　　　　　　　　　　著　者　加　賀　美　雅　弘
　　　　　　　　　　　発行者　朝　倉　誠　造
　　　　　　　　　　　発行所　株式会社　朝　倉　書　店

〈検印省略〉
　　　　　　　　　　　　東京都新宿区新小川町 6-29
　　　　　　　　　　　　郵便番号　162-8707
　　　　　　　　　　　　電　話　03(3260)0141
　　　　　　　　　　　　Ｆ Ａ Ｘ　03(3260)0180
　　　　　　　　　　　　https://www.asakura.co.jp

© 2019〈無断複写・転載を禁ず〉　　　　Printed in Korea

ISBN 978-4-254-16360-5　C 3025

JCOPY 〈出版者著作権管理機構　委託出版物〉

本書の無断複写は著作権法上での例外を除き禁じられています．複写される場合は，そのつど事前に，出版者著作権管理機構(電話 03-5244-5088，FAX 03-5244-5089，e-mail: info@jcopy.or.jp)の許諾を得てください．

学芸大 加賀美雅弘編
世界地誌シリーズ11
ヨーロッパ
16931-7 C3325　　　　　B5判 180頁 本体3400円

教員を目指す学生のためのヨーロッパ地誌学テキストの改訂版。大きく変容するヨーロッパ・EUを多面的な視点から解説する。〔内容〕総論／自然環境／農業／工業／都市／観光／市民の暮らし／地域主義・民族／移民問題／国境／世界とEU

学芸大 加賀美雅弘編
世界地誌シリーズ9
ロ　シ　ア
16929-4 C3325　　　　　B5判 184頁 本体3400円

ロシア地誌学のテキスト。自然・産業・文化などから全体像をとらえ、日本や東アジア、世界との関係性を解説する。〔内容〕総論／国土と自然／開発と資源／農業／工業／社会経済／都市／伝統文化／民族と地域文化／日本・世界との関係

日大 矢ケ﨑典隆・立正大 山下清海・学芸大 加賀美雅弘編
シリーズ〈地誌トピックス〉1
グローバリゼーション
―縮小する世界―
16881-5 C3325　　　　　B5判 152頁 本体3200円

交通機関、インターネット等の発展とともに世界との距離は小さくなっている。第1巻はグローバリゼーションをテーマに課題を読み解く。文化の伝播と越境する人、企業、風土病、アグリビジネスやスポーツ文化を題材に知見を養う。

日大 矢ケ﨑典隆・学芸大 加賀美雅弘・
前学芸大 古田悦造編著
地理学基礎シリーズ3
地　誌　学　概　論
16818-1 C3325　　　　　B5判 168頁 本体3300円

中学・高校の社会科教師を目指す学生にとってスタンダードとなる地誌学の教科書。地誌学の基礎を、地域調査に基づく地誌、歴史地誌、グローバル地誌、比較交流地誌、テーマ重視地誌、網羅累積地誌、広域地誌の7つの主題で具体的に解説。

学芸大 加賀美雅弘・拓大 木村　汎編
朝倉世界地理講座10
東ヨーロッパ・ロシア
16800-6 C3325　　　　　B5判 440頁 本体16000円

〔東ヨーロッパ〕東ヨーロッパの諸特性／改革後の新しい変化／新しいEU加盟諸国と加盟予定国／EU統合と東ヨーロッパ／〔ロシア〕自然地理／人口論／多民族国家／産業／エネルギー資源／環境汚染と保護／宗教／ジェンダー／他

立正大 島津　弘・立正大 伊藤徹哉・
立正大学地理学教室編
地理を学ぼう 海外エクスカーション
16359-9 C3025　　　　　B5判 116頁 本体2600円

海外を舞台としたエクスカーションの進め方と具体的な事例を紹介。実際に行くのが難しい場合の「紙上エクスカーション」の手引きとしても。〔内容〕アウシュヴィッツ／シンガポール／シアトル／ニューカレドニア／カナリア諸島／マニラ／他

立正大 伊藤徹哉・立正大 鈴木重雄・
立正大学地理学教室編
地理を学ぼう 地理エクスカーション
16354-4 C3025　　　　　B5判 120頁 本体2200円

地理学の実地調査「地理エクスカーション」を具体例とともに学ぶ入門書。フィールドワークの面白さを伝える。〔内容〕地理エクスカーションの意義・すすめ方／都市の地形と自然環境／火山／観光地での防災／地域の活性化／他

JTB総研 髙松正人著
観光危機管理ハンドブック
―観光客と観光ビジネスを災害から守る―
50029-5 C3030　　　　　B5判 180頁 本体3400円

災害・事故等による観光危機に対する事前の備えと対応・復興等を豊富な実例とともに詳説する。〔内容〕観光危機管理とは／減災／備え／対応／復興／沖縄での観光危機管理／気仙沼市観光復興戦略づくり／世界レベルでの観光危機管理

前学芸大 白坂　蕃・前立大 稲垣　勉・前立大 小沢健市・松蔭大 古賀　学・前東大 山下晋司編
観　光　の　事　典
16357-5 C3525　　　　　A5判 464頁 本体10000円

人間社会を考えるうえで重要な視点になってきた観光に関する知見を総合した、研究・実務双方に役立つ観光学の総合事典。観光の基本用語から経済・制度・実践・文化までを網羅する全197項目を、9つの章に分けて収録する。〔内容〕観光の基本概念／観光政策と制度／観光と経済／観光産業と施設／観光計画／観光と地域／観光とスポーツ／観光とさまざまな観光実践〔読者対象〕観光学の学生・研究者、観光行政・観光産業に携わる人、関連資格をめざす人

上記価格（税別）は 2020年 12月現在